장면기억한자 제1권

창원 지음
초판 1쇄 발행 2015년 8월 21일

펴낸곳 **보람社** ㅣ 펴낸이 **김보민**
신고번호 445-2010-000001 호
주소 충청북도 진천군 진천읍 진광로 72, 102-1401(우주동백아파트)
전화 070-8746-7612 ㅣ 팩스 043-535-0610
chwlm2015@naver.com

ISBN 978-89-967041-9-5
　　　 978-89-967041-8-8 (세트)

이 책의 출판권 및 저작권은 저자(著者) 창원이 가지고 있습니다.
저작권법에 의해 보호를 받는 저작물이므로 어떤 형태나 어떤 방법으로도 무단전재와 무단복제를 금합니다.

책값은 뒤표지에 있습니다. 잘못된 책은 바꾸어 드립니다.

장면기억한자

창 원 지음

창원언어문자연구소

머리말

　한자가 **상형문자**라고 하는 것은 삼척동자(三尺童子)라도 다 안다. 그러나 지금까지 한자를 익힐 때에는 전혀 상형인 그림으로 배우지 않았다. 이것은 일(日), 월(月), 전(田) 자와 같이 **간단한 몇 자나 수 십 자**(많게는 200 여 자로 보는 학자도 많다)**에** 한해서만 그림으로 설명할 뿐 기타 대부분의 한자에 대해서는 이 한자가 어떤 그림인지조차 모르고 오로지 기존 한자의 형성원리인 육서(六書)로 푸는 것뿐이다. 여기서 육서(六書)란 상형(象形), 지사(指事), 회의(會意), 형성(形聲), 전주(轉注), 가차(假借)를 말한다.
　그런데 육서(六書)에 대한 해석은 학자들 속에서도 논란이 많으며 이해하기가 어려운데 설마 쉽게 이해된다고 해도 육서(六書)로 한자를 배운다는 것은 어려움이 많다. 여기서 우선 예를 하나 들어보기로 한다.

비(鼻)

기존에는 이 글자를 육서의 형성자(形聲字)로 풀고 있다. 즉 자(自) 자는 코의 모양이라고 하나 비(畀) 자는 코와 연관이 없는 다만 코의 소리 '비'와 연관되는 글자라고 풀어왔다. 그런데 이렇게 풀면 사람들은 비(鼻) 자에 대하여 한 획, 한 획씩 **기계식으로 암기하는 방법** 밖에 달리 도리가 없었다. 그런데 우리는 이 글자를 하나의 그림으로 보고 푼다.

앞 그림을 보면 줄 비(畀) 자에서 전(田) 자는 벌린 입에서 보이는 이의 모양과 그 아래의 글자 기(丌) 자는 턱과 목의 그림이라는 것을 한눈에 알아볼 수 있다. 이러한 방법으로 한자를 배우게 되면 얼굴을 연상해 봄으로써 코와 입과 턱 선을 연계적으로 상상하면서 쉽게 익힐 수 있게 된다.

한자는 이렇게 하나의 그림으로 볼 뿐만 아니라 또한 이 그림과 연관되는 통째로 하나의 그림이거나 장면으로 묶어 표현할 수도 있다.

아래 예를 하나 더 보기로 하자.

좌(左), 우(右), 좌(佐), 우(佑)

그동안 좌(左) 자에서 보이는 공(工) 자는 공구로 보았고 이 글자는 공구를 사용할 때 왼손으로 공구를 잡기 때문이라고 풀었다. 그리고 우(右) 자는 밥을 먹는 손으로 보아 입 구(口) 자가 들어가게 되었다고 하였다. 그런데 이렇게 풀 면 왼손과 오른 손이 각자 다른 뜻으로 풀면서 사람들이 잘 기억해두기 어렵게 된다.

그러데 우리가 쉽게 생각을 한다면 상(上) 자를 만든 사람은 당연히 하(下) 자도 연관해서 만들 것이고 내(內) 자를 만들었다고 한다면 당연히 외(外) 자도 연관해서 만들 것이고 그렇다면 좌(左) 자를 만들었다면 당연히 우(右) 자도 연관 지어 만들었다고 할 수 있지 않은가. 그러면 좌(左) 자와 우(右) 자가 정말 연관이 되는가.

우(右) 자가 밥 먹는 손이라고하기 때문에 좌(左) 자는 밥을 먹을 때 자연히 밥그릇을 잡고 먹는 것이 순리일 것이다. 그래서 이 글자의 그림(제1권 가. 인체와 연관된 한자 참조)을 보면 당연히 왼손을 밥그릇을 잡고 있는 그림이고 오른 손은 밥술을 뜨는 그림이다. 여기서 우(右) 자는 밥을 먹을 때의 입을 상형한 글자라기보다 오히려 사람의 머리를 상형한 글자로 보는 것 이 더 타당하게 된다.

만약 이 그림이 성립이 된다고 한다면 도울 좌(佐) 자와 도울 우(佑) 자는 자연히 위 글자와 연관이 되었다는 것을 알 수 있다.

도울 좌(佐) 자(제1권 가. 인체와 연관된 한자 참조)와 도울 우(佑) 자(제1권 가. 인체와 연관된 한자 참조)는 밥을 먹고 있는 사람 옆에서 시중을 하고 있는 사람인 것이다. 옆에서 시중하는 사람은 밥을 먹고 있는 사람을 돕고 있기 때문에 당연히 이 두 글자는 '돕다'를 뜻하게 된다.

이렇게 우리는 밥을 먹고 있는 한 장면을 통해 좌(左), 우(右), 좌(佐), 우(佑) 이 몇 글자를 줄줄이 쉽게 익힐 수 있게 된다.

사실 이 글자만 아니라 우리가 더 알아본다면 또 우(又) 자(제1권 가. 인체와 연관된 한자 참조)가 상기 장면에서 밥을 먹을 때 사용하는 오른 손의 모습이라는 것을 자연히 알 수 있게 된다.

이렇게 우리는 각각의 그림으로 된 한자들을 일정한 줄거리를 가진 한 장면의 이야기가 되도록 연관되게 한데 모아서 한 장면의 그림으로 표현함으로써 그림 한 장면의 기억으로 연관되는 여러 한자를 동시에 쉽게 배울 수 있도록 만들어 기존에 한자를 익히는 방법처럼 한 글자 한 글자를 모두 따로따로 외워 배울 때도 어렵고 시간이 지나면 쉽게 잊어버리게 되는 상황을 피하게 되었다.

이렇게 한자는 그림으로 한 장면씩 풀고 배우면 쉽게 된다. 지난 수많은 시간동안 필자는 '**한자는 그림에서 왔다**'는 확고한 신념하에 상용한자 3,500 자(1급~8급)와 5,000 여자(특급한자)를 그림으로 설명하여왔다. 그러나 이 책에서는 어디까지나 어떻게 하면 한자를 쉽고 빠르게 배울 수 있는가에 대한 설명을 한 것이 목적이므로 **학술적으로 어떤 이론을 증명하기 위한 것이 아니게 되었다**. 그러므로 부득이 한자를 쉽게 설명하다보니 풀이에 많은 무리가 있고 또한 잘못된 부분도 있을 수 있다는 것을 필자도 너무나 잘 알고 있다. 그러나 이것은 어디서나 오로지 독자들이 하루빨리 한자를 쉽게 습득하는 것이 목적이므로 좀 더 깊이에 대한 해석이거나 설명은 앞으로 필요에 따라 생각해 볼 수밖에 없다.

아무쪼록 이 책을 통해서 한자를 보다 쉽게 배울 수 있게 되었으면 한다. 그리고 이 책이 나오기까지 수고해준 태극한글연구소 김용성 소장님의 노고가 특히 많았고 또한 이 책이 나올 수 있도록 지원을 많이 해준 이관표 님과 보람(출판)사 사장 김보민에 대해서도 감사의 뜻을 전하고자 한다. 그리고 또한 함께 노고해준 박인걸 선생님, 박종언 님, 김응주 님, 김구룡 님, 최광 님, 오대성 님, 그리고 우리식구인 황준위, 아내와 딸에게도 감사의 마음을 전한다. 이들의 모든 도움과 노력이 있기에 이 책이 하루 빨리 나오게 되었다는 것을 말하고자 한다.

창 원

읽기 전에

1. 이 책은 무조건 한자를 그림으로 보고 풀기 위해 설명하였다. 따라서 어떤 해석은 무리가 있을 수밖에 없다는 것을 다시 한 번 밝혀둔다.

2. 이 책은 기초지식에 대한 부분은 인류역사 발전과정에서 나오는 여러 장면을 시대적 상황에 따라 분리해서 설명하였다. 그 시대적 상황을 석기시대(구석기, 신석기), 청동기시대(철기시대포함)로 분류하여 그 시대의 눈높이에 맞게 설명하도록 노력하였다. 그러나 이러한 분류는 어디까지나 한자를 쉽게 배우기 위함의 목적이지 이 시대적 분류가 절대적이지는 않다. 예를 들자면 석기시대에서 '채집활동'이 위주가 되어서 석기시대로 귀납했지만 청동기시대나 심지어 지금에 와서도 채집활동을 한시도 중지한 적이 없다. 따라서 이러한 분류방법은 역사적 사실을 입증하고자 함이 아니라는 것을 미리 밝혀둔다.
또한 예를 들자면 소리를 뜻하는 성(聲) 자는 본래 돌로 된 편종과 연관된 글자인데 그러나 이 글자를 좀 더 쉽게 설명하기 위해서 청동기시대의 종과 연관되는 글자와 연관 지어 풀게 되었다.

3. 이 책은 정자와 함께 중국어 간체를 수록하였으며 중국어 발음을 정확하게 익힐 수 있도록 한어병음과 함께 확장한글로 발음을 표기하여 원어의 발음에 가장 가깝도록 하였다.

4. 이 책은 한자의 쓰기 순서를 기존과 다르게 편집하였다.

우선 필획의 쓰기 순서에서 한자의 부수나 부수가 아니어도 독자적인 구조가 이루어 질 때에는 그 모양에 맞게 따로따로 정리하였다.

예를 들자면 치(齒) 자를 보면 이 글자의 위 부분은 지(止) 자이고 그 아래는 '齒' 자이다. 이 글자를 하나의 모양으로 취급해서 연이어 필획의 순서로

써보면 너무나 복잡해서 쉽게 알아볼 수 없게 되지만 우리가 정리하는 방법으로 하면 많이 쉬워진다는 것을 아래를 통해 알 수 있다

 물론 이런 방식으로 정리를 하면 일부 부수의 모양도 달라지게 될 수도 있다. 예를 들자면 승(乘) 자는 마치 화(禾) 자와 북(北) 자로 이루어진 것 같지만 그러나 이렇게 보게 되면 실제 글자를 쓰는 순서와 다르게 된다. 그래서 이때에는 우리가 이 글자를 천(千), 북(北), 팔(八) 자의 순서로 정리한 것은 이 글자의 쓰기 순서를 더 잘 알 수 있을 뿐만 아니라 또한 이 글자의 모양을 익히는 데에도 도움이 되도록 한 것이다.
 물론 이러한 해석은 실제 승(乘) 자는 천(千), 북(北), 팔(八) 자와 연관이 되었다는 말은 아니고 단지 글자를 쓰는 순서와 글자를 익히는데 도움이 되도록 한 것뿐이다.

 5. 이 책은 글자를 보다 깊이 있게 연구하려는 분들에게 도움이 되도록 옛날글자도 함께 수록하였다. 여기서 말한 옛날 글자라 함은 갑골문, 금문, 도문(匋文), 전서, 예서 등을 말한다. 이들 글자를 취급함에 있어서 글자의 모양이 비슷할 때에는 가능한 오래된 글자를 우선 취급하고 그러나 전서와 '설문해자'에서 나오는 글자가 비슷할 때에는 '설문해자'의 글씨체를 우선 수록하였다.

 6. 이 책은 독자들이 그림이거나 간단한 설명을 보고서 스스로 한자공부를 할 수 있게끔 편집하였다. 따라서 이 책을 볼 때 아래와 같은 순서로 보면 보다 쉽게 익힐 수 있다.

> ㄱ. 먼저 장면의 그림을 보고 자체적으로 글자를 알아보도록 한다.
> ㄴ. 다음 그 아래의 설명을 본다.
> ㄷ. 그 다음 글자 하나하나의 설명을 본다.
> ㄹ. 그래도 이해가 가지 아니 할 때에는 위 순서를 다시 한 번 중복한다.

<제목 차례>

1. 석기시대 생활(상)

가. 인체와 연관된 한자

1) 齒(齿), 口, 止, 牙, 舌 ·············· 15
2) 自, 鼻, 息, 厶, 咱 ················ 20
3) 目, 眼, 眉, 耳, 耶 ················ 25
4) 手(扌), 看, 人(亻), 佐, 左, 右, 佑 ······ 30
5) 又, 双, 丑, 兩(两) ················ 37
6) 足, 步, 走 ····················· 42

나. 채집생활

1) 木, 林, 森, 葉(箂, 叶), 桑 ············ 49
2) 采(採), 菜, ++(艸, 艹, 屮) ············ 55
3) 楊(杨), 柳, 卯 ··················· 61
4) 果, 杏, 桃, 兆, 亥, 核 ··············· 66
5) 梨, 利, 栗, 松 ··················· 72
6) 相, 吐, 苦, 咅 ··················· 76
7) 聽(听), 聖(圣) ··················· 80
8) 壬, 任, 女, 妊, 身 ················· 84
9) 捷, 躲(躲), 朶(朵, 粜) ·············· 89
10) 乘, 桀, 傑(杰), 夋, 俊 ············· 94
11) 上, 下, 卡, 坐, 來(来) ············· 99

다. 불의 발견과 수렵생활

1) 火(灬), 然, 燃, 狼, 犬(犭) ·········· 107
2) 油, 由, 炙, 久, 灸 ················ 113
3) 風(风), 吹, 炎, 熱(热), 赤 ·········· 118

4) 刀(刂), 削, 尖, 肖, 消 ············· 124
5) 虎, 兔, 象, 敢, 虍 ················ 129
6) 作, 石, 乍, 炸 ··················· 136
7) 父, 爸, 爺(爷) ··················· 140
8) 辛, 何, 均, 勻 ··················· 144

라. 동굴 주거 생활

1) 山, 谷, 丘, 仙, 俗 ················ 151
2) 洞, 穴, 探, 空 ··················· 156
3) 原, 源, 泉, 水(氵) ················ 160
4) 流, 充, 荒, 亡 ··················· 165
5) 平, 法, 公 ······················ 169
6) 昔, 冰(冫, 氷), 冬 ················ 173
7) 凍(冻), 冷, 令, 命 ················ 179

마. 동굴에서의 생활

1) 者, 孝, 子, 此, 老(耂), 考, 丂 ········ 187
2) 比, 北, 奔, 去, 企 ················ 194
3) 急, 及, 捉, 吸 ··················· 199
4) 屍, 尿, 屁, 弱, 尾, 毛 ············· 203
5) 登, 友, 先, 危, 厄 ················ 209

바. 태양에 대한 인식

1) 日, 白, 月, 夕 ················· 217
2) 昜, 易, 阝, 陽(阳) ············ 221
3) 良, 浪, 朗 ····················· 226
4) 早, 晨, 辰 ····················· 230
5) 朝(晁), 旭, 旦 ················ 235
6) 曉(晓), 堯(垚, 壵, 尧), 兀 ······ 239

2. 중국어 발음표기에 대하여

1) 중국어병음에 대한 기초지식 ············ 245
2) 성조(A E I O U ü) ························ 246
3) 장음(연이음) 및 중국어 성조를 표기하는
방법 ·· 249

3. 한글로 중국어소리 표기하는 방법

1) 한글과 같은 음 ····················· 251
2) 한글과 다른 음 ····················· 252

1. 석기시대 생활(상)

가. 인체와 연관된 한자

나. 채집생활

다. 불의 발견과 수렵생활

라. 동굴 주거 생활

마. 동굴에서의 생활

바. 태양에 대한 인식

가. 인체와 연관된 한자

1) 齒(齿), 口, 止, 牙, 舌
2) 自, 鼻, 息, 厶, 咱
3) 目, 眼, 眉, 耳, 耶
4) 手(扌), 看, 人(亻), 佐, 左, 右, 佑
5) 又, 双, 丑, 兩(两)
6) 足, 步, 走

가. 인체와 연관된 한자

입과 연관된 몇 글자
1) 齒(齿), 口, 止, 牙, 舌
　　(이 치)　(입 구)　(그칠 지)　(어금니 아)　(혀 설)

齒(齿) 치(齒) 자는 활짝 웃을 때 보이는 이의 모습을 상형한 글자이다.

장면 기억 한자

이 글자에서 보이는 지(止) 자는 본래 발을 상형한 글자인데(아래에서 참고로 설명함) 그러나 치(齒) 자에서 보이는 지(止) 자는 코 그림에서 변화된 모양이다. 그리고 'ㅅ'은 앞니의 그림에서 변화된 모양이다.

口　구(口) 자는 벌린 입의 모양을 상형한 글자이다.

止　지(止) 자는 땅을 딛고 있는 발의 모양을 상형한 글자이다. 땅을 딛고 있는 발의 모양으로 '그치다, 정지'를 뜻하게 된 것은 땅을 딛고 있으면 고정되기 때문이다.

牙　아(牙) 자는 뽑은 어금니이거나 또는 어금니와 잇몸 및 그 속의 치근(齒根)까지 이어진 모양을 상형한 글자이다.

舌　설(舌) 자는 입을 벌리고 혀를 내밀고 있는 모양을 상형한 글자이다. 이 글자는 입을 벌리고 내민 혀의 모양과 코의 모양의 변화로 볼 수도 있고 또한 두 눈썹과 두 눈의 변화된 모양으로도 볼 수 있다.

가. 인체와 연관된 한자

 【chǐ (ㅊˇ으)】　　　　　　　　　　　　　　　　　(4급)
【이 치】 어금니, 연령, 벌이다

'止'자가 발모양만이 아닙니다...

활짝 웃어요! 김치~

갑골문　금문　전서

[쓰기 순서]
止 : ㅣ ㅏ ㅑ 止
齒 : ´ ˆ ˘ ⺌ ⺍ ⺎ ⺏ 龸 齒 齒

[齒 자가 들어간 단어]
齒石(치석)　齒牙(치아)　齒科(치과)

齿 【chǐ (ㅊˇ으)】
齒(치)의 간체자(簡體字)

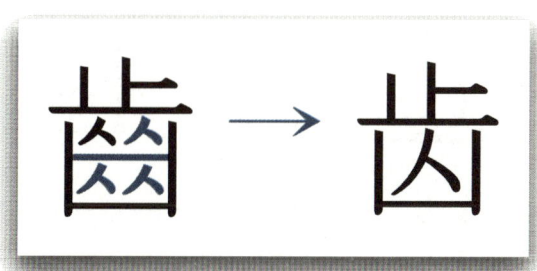

[쓰기 순서]
齿 : ㅣ ㅏ ㅑ 止 步 歩 齿 齿

장면 기억 한자

 【kǒu (코/커∨우)】　　　　　　　　　　　　　　　　(7급)
【입 구】 어귀, 주둥이, 부리, 아가리

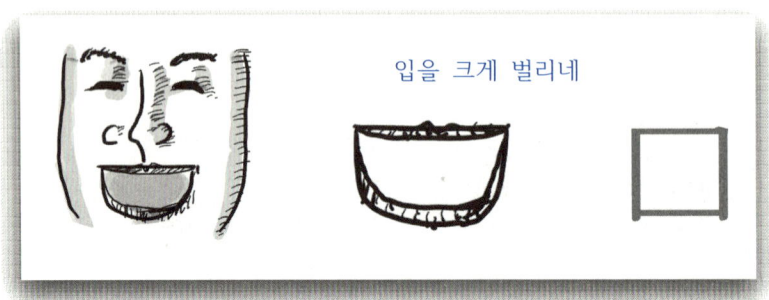

 갑골문　금문　전서　설문해자

[쓰기 순서]　　　　　　　　　[口 자가 들어간 단어]
口 : ㅣ ㄇ 口　　　　　　　　人口(인구) 家口(가구) 窓口(창구)

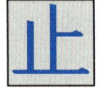 【zhǐ (즈∨으)】　　　　　　　　　　　　　　　　(5급)
【그칠 지】 끝나다, 그만두다, 멈추다

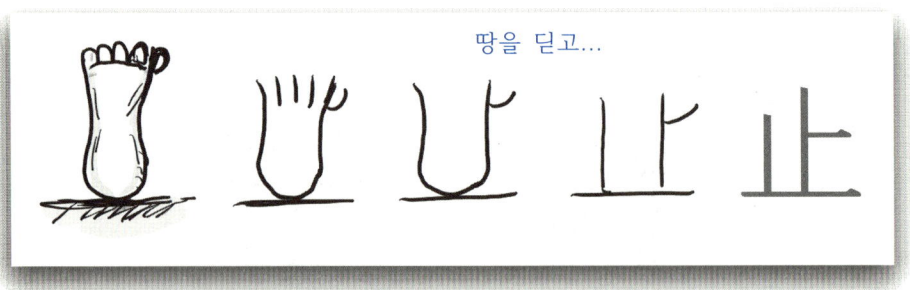

갑골문　금문　전서　설문해자

[쓰기 순서]　　　　　　　　　[止 자가 들어간 단어]
止 : ㅣ ㅏ ㅑ 止　　　　　　禁止(금지) 停止(정지) 防止(방지)

가. 인체와 연관된 한자

 【yá (야ˊ아)】 (3급)
【어금니 아】 어금니, 싹트다, 말뚝, 관아

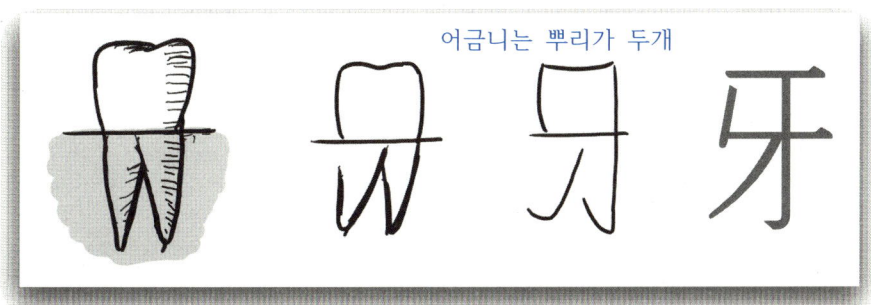

[쓰기 순서]
牙 : 一 ㄷ 乐 牙

[牙 자가 들어간 단어]
象牙(상아) 虎牙(호아) 官牙(관아)

 【shé (쎠ˊ어)】 (4급)
【혀 설】 혀, 말, 언어

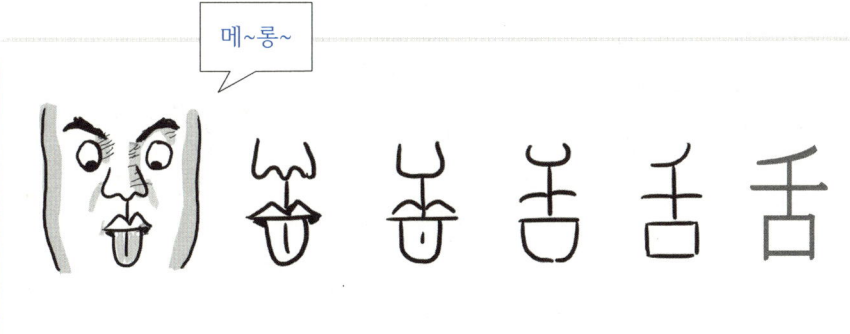

[쓰기 순서]
舌 : 一 二 千 千 舌 舌

[舌 자가 들어간 단어]
毒舌(독설) 舌戰(설전) 口舌(구설)

장면 기억 한자

코와 연관된 몇 글자
2) 自, 鼻, 息, 厶, 咱
 (스스로 자) (코 비) (쉴 식) (사사 사) (나 찰)

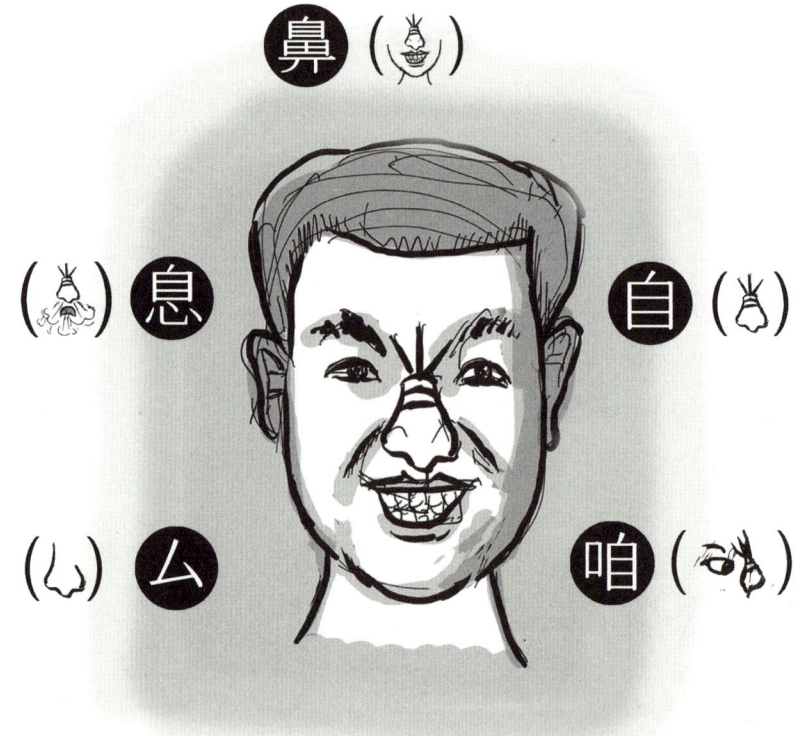

自　자(自) 자는 사람의 코를 상형한 글자이다. 이 글자가 '스스로'를 뜻하게 된 것은 사람들이 자기를 가리킬 때 손가락으로 코를 가리켰기 때문이다.

가. 인체와 연관된 한자

鼻 비(鼻) 자는 코와 그 아래에 입을 벌려 이가 보이는 모습을 상형한 글자이다. 원래 자(自) 자가 코를 상형한 글자였는데 자(自) 자가 '스스로'를 뜻하는 글자가 되면서 자(自) 자 아래에 입을 벌려 이가 보이는 모습과 아래턱 및 목을 함께 보이게 표현하여 비(鼻) 자가 얼굴에 있는 코라는 것을 더 강조하게 되었다.

息 식(息) 자는 코와 코에서 나오는 콧김의 모양을 상형한 글자이다. 겨울이 되면 코에서 나오는 숨을 볼 수 있다. 이 숨의 모양을 심(心) 자로 표현하였다.

厶 사(厶) 자는 자(自) 자와 같이 코를 상형한 글자이다. 그들의 차이는 자(自) 자는 주름 있는 코의 모양이고 사(厶) 자는 주름이 없는 코의 모양이다. 이 글자가 '사사'를 뜻하게 된 것은 자(自) 자와 마찬가지로 자신을 가리킬 때 손으로 코를 가리키기 때문이다. 사(厶) 자는 또한 손으로 자기를 가리킬 때 굽어진 팔의 모양으로도 볼 수 있다.

咱 찰(咱) 자는 눈빛과 손으로 코를 가리키면서 '나'라고 알리고 있는 모습을 상형한 글자이다. 이 글자가 또한 '나'라고 소리를 내면서 손으로 코를 가리키는 모습을 상형한 글자이기도 하다.

장면 기억 한자

 【zì (쯔ヽ으)】   (7급)
【스스로 자】 스스로, 저절로, 처음, 시초

[쓰기 순서]   [自 자가 들어간 단어]
自 : ´ 亻 冂 白 自 自   自身(자신) 自由(자유) 自然(자연)

鼻 【bí (비ㅣ이)】   (5급)
【코 비】 코

[쓰기 순서]   [鼻 자가 들어간 단어]
自 : ´ 亻 冂 白 自 自   鼻炎(비염) 鼻孔(비공)
田 : 丨 冂 冂 田 田   廾 : 一 ナ 廾

가. 인체와 연관된 한자

 【bí (비ㅡ이)】 (5급)
鼻(비)의 동자(同字)

[쓰기 순서]
自 : ′ 亻 自 自 自 自   田 : 丨 冂 日 田 田   丌 : 一 丁 丌

 【xī (씨ㅡ이)】 (4급)
【쉴 식】 숨 쉬다, 호흡하다, 살다

응? 호흡이 '心'자..?

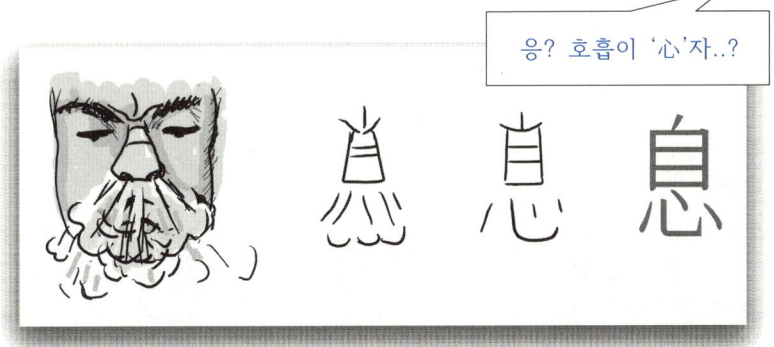

금문   전서   설문해자

[쓰기 순서]   [息 자가 들어간 단어]
自 : ′ 亻 自 自 自 自   心 : 丶 心 心 心   消息(소식) 休息(휴식) 喘息(천식)

23

장면 기억 한자

 【sī (쓰一으), mǒu (모∨우, 머∨우)】
【사사 사/아무 모】 사사, 나, 아무(모)

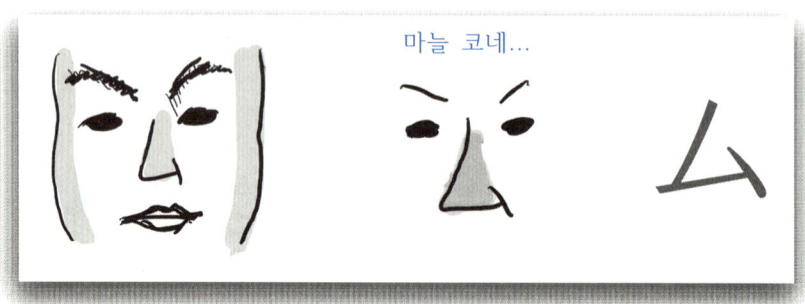

ㄥ △ ㅇ ⊙ 전서

[쓰기 순서]
ㄙ : ㄥ ㄙ

 【zán (자↗안)】, 【zá (자↗아)】
【나 찰】 나(=我), 우리

[쓰기 순서]
口 : ㅣ ㄇ 口   自 : ´ ㇒ 冂 自 自 自

가. 인체와 연관된 한자

눈과 연관되는 몇 글자

3) 目, 眼, 眉, 耳, 耶
(눈 목) (눈 안) (눈썹 미) (귀 이) (어조사 야)

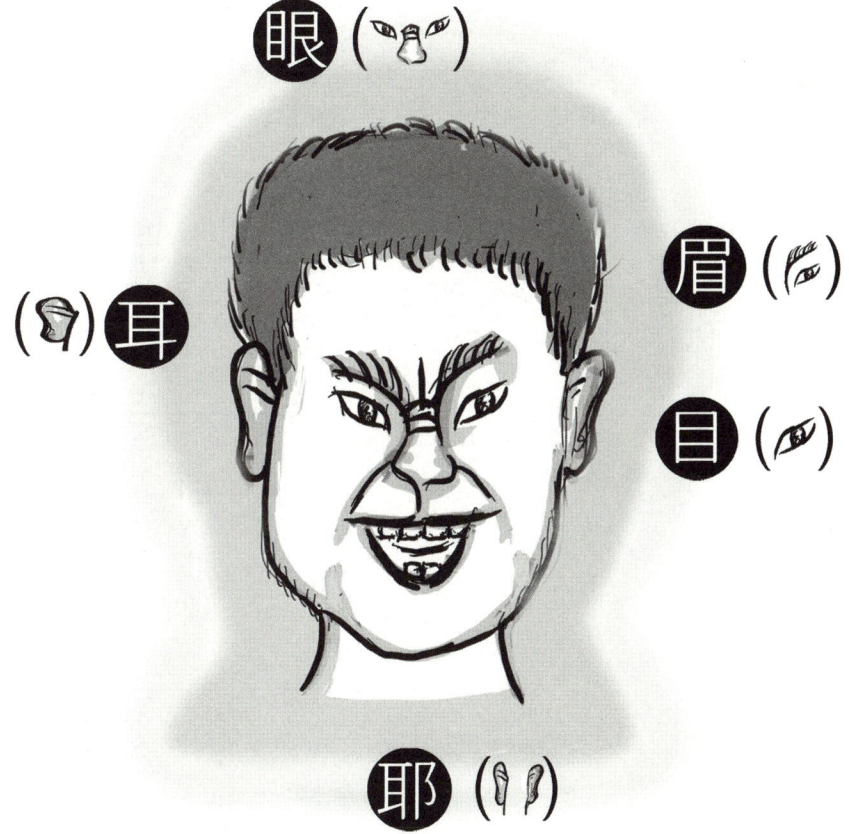

目 목(目) 자는 눈의 모양을 상형한 글자이다. 이 글자의 모양은 마치 아래로 보거나 누워서 위로 볼 때의 눈의 모양으로도 볼 수 있다.

장면 기억 한자

眼 안(眼) 자는 두 눈과 코의 모양을 상형한 글자이다. 그런데 이 글자를 쓰다 보니 사선으로 된 코의 한 획이 한쪽 눈의 획과 이어지게 되면서 지금과 같은 글자의 모양으로 변형되었다.

眉 미(眉) 자는 한 쪽 눈과 그 위의 눈썹 모양을 상형한 글자이다.

耳 이(耳) 자는 귀의 모양을 상형한 글자이다. 귀 이(耳) 자에서 안에 있는 '이(二)' 자는 귀의 모양에서 왔다. 귀의 모양을 자세히 보면 귓바퀴 안쪽에 가로로 된 귀의 주름이 두 개 있는 것을 볼 수 있다.

耶 야(耶) 자는 양쪽 두 귀의 모양을 상형한 글자이다. 여기서는 야(耶) 자의 오른 쪽 귀의 모양은 마치 말을 잘 들으려고 귀를 쫑긋하고 있는 귓바퀴의 모양처럼 볼 수 있다.

가. 인체와 연관된 한자

 【mù (무\우)】　　　　　　　　　　　　　　　　　　　　(6급)
【눈 목】 눈, 눈빛

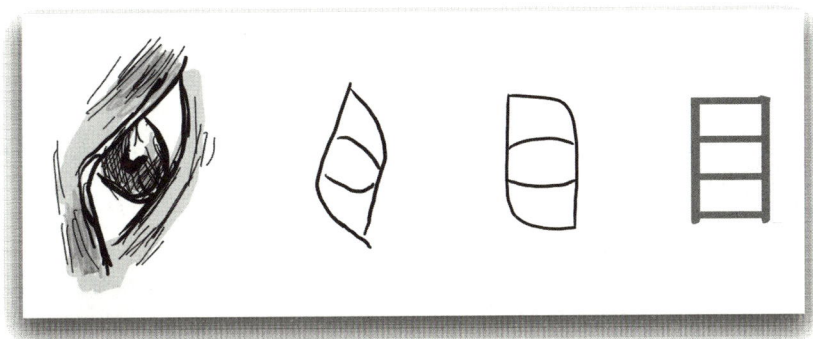

갑골문　금문　전서　설문해자

[쓰기 순서]　　　　　　　　　　　　　[目 자가 들어간 단어]
目 : 丨冂冃月目　　　　　　　　　　　目標(목표) 目的(목적) 注目(주목)

 【yǎn (이∨엔)】　　　　　　　　　　　　　　　　　　(4급)
【눈 안】 눈, 눈동자

'艮' 자는 눈과 코가 붙은 거였어??

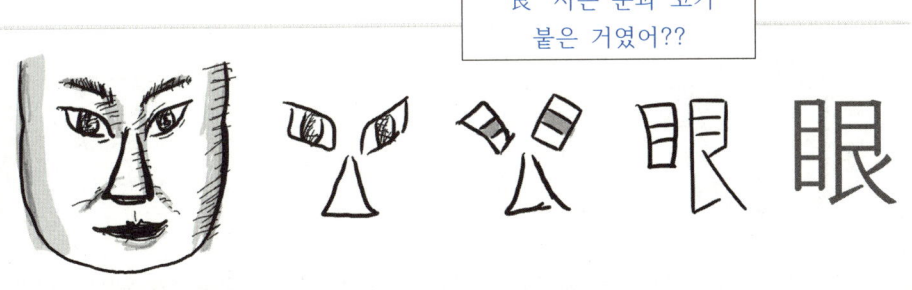

설문해자

[쓰기 순서]　　　　　　　　　　　　　　　[眼 자가 들어간 단어]
目 : 丨冂冃月目　　艮 : ㇇ㄱⴹ彐艮艮　　眼界(안계) 眼鏡(안경)

장면 기억 한자

 【méi (머/이)】 (3급)
【눈썹 미】 언저리, 알랑거리다, 가장자리

갑골문 금문 전서 설문해자

[쓰기 순서]
尸 : ㄱ ㄲ ㄲ 尸   目 : ㅣ ㄇ ㅁ 目 目

[眉 자가 들어간 단어]
愁眉(수미) 頭眉(두미) 眉間(미간)

 【ěr (어∨얼)】 (5급)
【귀 이】 귀에 익다, 듣다

귓밥이 크면 잘산다는데...

갑골문 금문 전서 설문해자

[쓰기 순서]
耳 : 一 丁 丆 丐 耳 耳

[耳 자가 들어간 단어]
耳目(이목) 中耳炎(중이염)

가. 인체와 연관된 한자

 【yé (예／에), yē (예―에)】　　　　　　　　　(3급)
【어조사 야】 어조사, 그런가

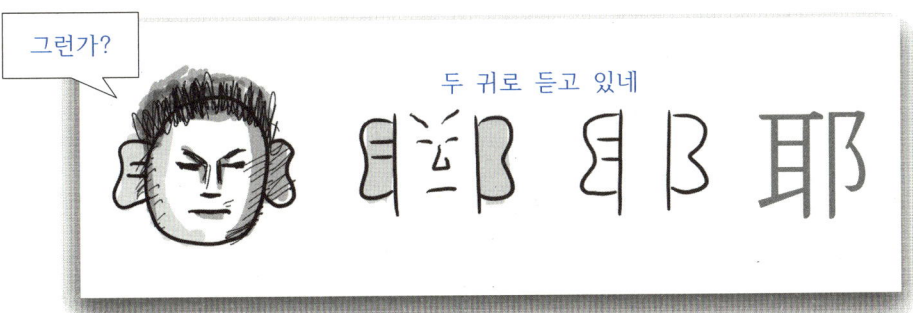

[쓰기 순서]

耳 : 一 丆 FF F 耳　　阝 : ㇇ 阝

[耶 자가 들어간 단어]
耶蘇(야소) 耶律(야율)

장면 기억 한자

손과 연관된 몇 글자 (1)

4) 手(扌), 看, 人(亻), 佐, 左, 右, 佑
(손 수) (볼 간) (사람 인) (도울 좌) (왼 좌) (오른 우) (도울 우)

手(扌) 수(手) 자와 부수 수(扌)자는 모두 다섯 손가락을 편 모양을 상형한 글자이다. 여기서 수(扌) 자는 손가락을 일일이 그리지 않고 필획을 줄이기 위해서 좌우로 이어서 쓰다 보니 (扌)자의 모양이 된 것이다. 수(扌) 자는 부수에 많이 사용된다.

가. 인체와 연관된 한자

看 간(看)자는 손으로 눈부신 빛을 가리면서 바라보고 있는 모습을 상형한 글자이다.

人(亻) 인(人) 자는 사람의 옆모습을 상형한 글자이다. 여기서 인(亻) 자는 부수로 많이 사용한다.

佐 좌(佐) 자는 손으로 공깃밥을 잡고 밥을 먹고 있는 사람의 모습과 그 옆에서 시중을 드는 사람의 모습을 상형한 글자이다. 한 사람이 옆에서 시중을 들기 때문에 이 글자가 '돕다, 보좌하다'를 뜻하게 되었다.

左 좌(左) 자는 위에서 볼 때 왼손으로 밥그릇을 잡고 있는 모습을 상형한 글자이다.
　좌(左) 자는 그동안 왼손으로 공구를 잡고 있는 모습을 상형한 글자라고도 하는데 그러나 좌(左) 자를 만들 때 우(右) 자도 동시에 만들어졌다고 생각을 하면 상대적 연관성을 생각해서 밥을 먹고 있는 상황으로 일관성이 있게 만들었다고 보는 것이 더 타당할 수가 있다.

右 우(右) 자는 위에서 볼 때 오른손으로 밥을 먹고 있는 모습을 상형한 글자이다. 이 글자를 보면 입 구(口) 자는 밥을 먹고 있는 사람의 머리의 모습이라는 것을 알 수 있다.

佑 우(佑) 자는 오른손으로 밥을 먹고 있는 사람과 그 옆에서 시중을 드는 사람의 모습을 상형한 글자이다. 우(佑) 자가 '돕다'를 뜻하게 된 것은 옆에서 사람이 시중을 들기 때문에 '돕다'를 뜻하게 되었다.

장면 기억 한자

 【shǒu (ㄕㄡˇ우)】 (7급)
【손 수】 재주, 솜씨, 가락, 쥐다

금문 전서 설문해자

[쓰기 순서]
手 : ⼀ ⼆ 三 手

[手 자가 들어간 단어]
手段(수단) 着手(착수) 失手(실수)

【shǒu (ㄕㄡˇ우)】   [쓰기 순서]
手(수)와 동자(同字)   扌 : 一 十 扌

반갑게 맞이하는데...

가. 인체와 연관된 한자

 【kān (카ー안), kàn (카ヽ안)】 (4급)
【볼 간】 보다, 바라보다, 감시하다, 관찰하다

전서 설문해자

[쓰기 순서]
手 : ノ 二 三 手   目 :丨 冂 月 目

[看 자가 들어간 단어]
看板(간판) 看病(간병) 看客(간객)

 【rén (러ノ언)】 (8급)
【사람 인】 사람, 인간, 어른, 성인

갑골문   금문   전서   설문해자

[쓰기 순서]
人 : ノ 人

[人 자가 들어간 단어]
人間(인간) 人物(인물) 人權(인권)

장면 기억 한자

 【zuǒ (주∨오/어)】 (3급)
【도울 좌】 보좌하다, 권하다, 다스리다, 도움

밥상을 차려주니

전서

[쓰기 순서]
亻 : ノ 亻   左 : 一 ナ 十 ナ 左

[佐 자가 들어간 단어]
補佐(보좌) 上佐(상좌)

 【zuǒ (주∨오/어)】 (7급)
【왼 좌】 왼쪽, 왼쪽으로 하다

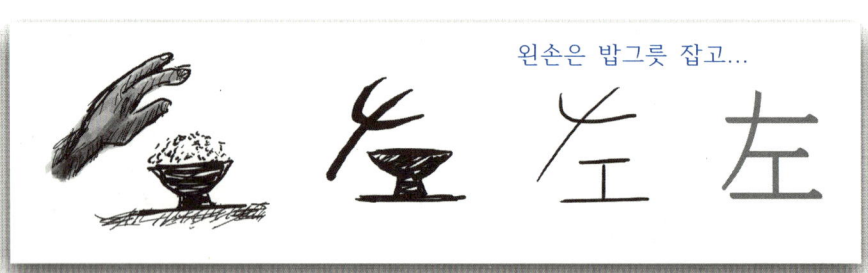

왼손은 밥그릇 잡고...

금문 전서 설문해자

[쓰기 순서]
左 : 一 ナ 十 ナ 左

[左 자가 들어간 단어]
左派(좌파) 左手(좌수) 相左(상좌)

가. 인체와 연관된 한자

【yòu (요/여ㅡ우)】 (7급)
【오른쪽/도울 우】 오른 손, 우익

[쓰기 순서]
右 : 一ナオ右右

[右 자가 들어간 단어]
右翼(우익) 右相(우상) 右手(우수)

亻
【rén (러ㅡ언)】
人(인)과 동자(同字). 人(인☞사람인部)이 변(邊)에 쓰일 때의 자형(字形)

다 먹었어요~~

[쓰기 순서]
亻 : ノ亻

장면 기억 한자

 【yòu (요/여ㄟ우)】　　　　　　　　　　　(특급)
【도울 우】 돕다, 도와주다, 올리다

밥상을 치워주네

[쓰기 순서]
亻: ノ 亻　　右: 一 ナ 才 右 右

[佑 자가 들어간 단어]
保佑(보우) 天佑(천우) 神佑(신우)

가. 인체와 연관된 한자

손과 연관되는 몇 글자 (2)

5) 又, 双, 丑, 兩(両)
(또 우) (두 쌍) (소 축/추할 추) (두 량/양)

又 우(又) 자는 수저를 들고 밥을 먹고 있는 오른손의 모양을 상형한 글자이다. 왼손은 공기 밥을 잡고 가만히 있지만 오른손은 밥을 자꾸 반복해서 떠먹기 때문에 '또'를 뜻하게 되었다

双 쌍(双) 자는 두 손을 나란히 들고 있는 모습을 상형한 글자이다.

丑 축(丑)자는 손으로 무엇을 잡으려고 움켜쥐고 있는 모습을 상형한 글자이다. 이 글자는 또한 소의 머리 모양을 상형한 글자이기도 하다.
  이 글자가 '못생기다'를 뜻하게 된 것은 사람의 모습이 소머리의 모양과 비슷한 사람을 지칭하기 때문에 '못생기다'를 뜻하게 된 것이다.

兩(両) 양(兩) 자는 두 손바닥을 모아서 활짝 펴고 있는 모습을 상형한 글자이다. 이 모습은 두 손으로 무엇을 달라고 하거나 또는 어떤 물건을 받을 때 두 손을 모아서 내미는 모습으로도 볼 수 있다. 또한 두 손을 모아서 펴면 '둘, 쌍'으로 되기 때문에 이 글자가 '두 양/량)을 뜻하게 되었다.

가. 인체와 연관된 한자

 【yòu (요/여ˋ우)】 (3급)
【또 우】 다시, 또한, 동시에, 두 번 하다

잡고 또 잡고...

⋺⋼ 갑골문   ⋽⋻ 금문   ⋽ 전서   ⋽ 설문해자

[쓰기 순서]　　　　　　　　　[又 자가 들어간 단어]
又 : ㄱ 又　　　　　　　　　又況(우황)　又重之(우중지)

 【shuāng (ㄕㄨㄤ)】
【두 쌍】 雙(쌍)의 속자(俗字)/간체자(簡體字)

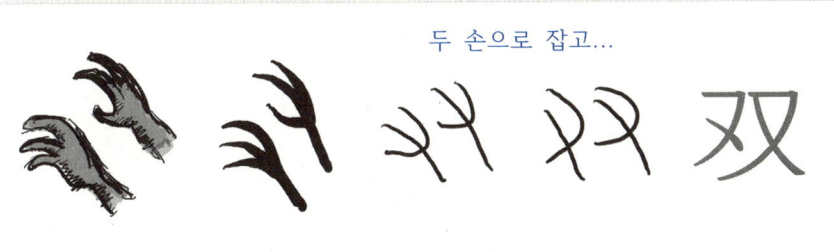

두 손으로 잡고...

簐 雙 雙 전서   雙 설문해자

[쓰기 순서]
又 : ㄱ 又　　又 : ㄱ 又

장면 기억 한자

 【chǒu (처ˇ우)】 (3급)
【소 축/추할 추】 소, 둘째지지, 못생기다

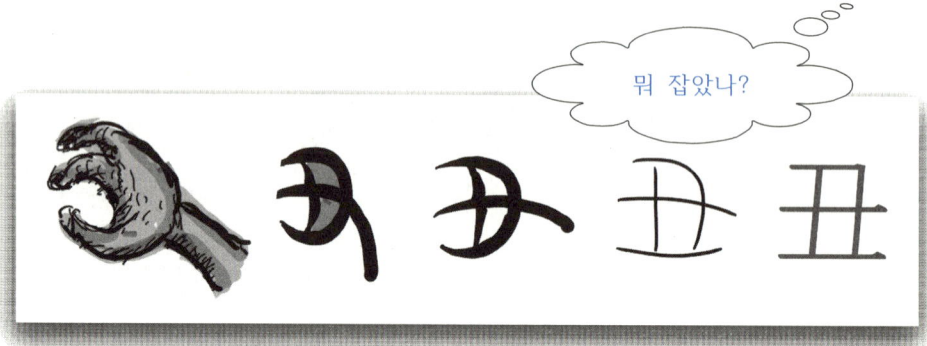

갑골문　금문　전서　설문해자

[쓰기 순서]
丑 : ㄱ ㄲ 丑 丑

[丑 자가 들어간 단어]
癸丑(계축)　乙丑(을축)　丑時(축시)

가. 인체와 연관된 한자

  【liǎng (랴∨앙)】 (4급)
【두 량(양)/냥 냥(양)】 둘, 짝, 쌍, 두 쪽

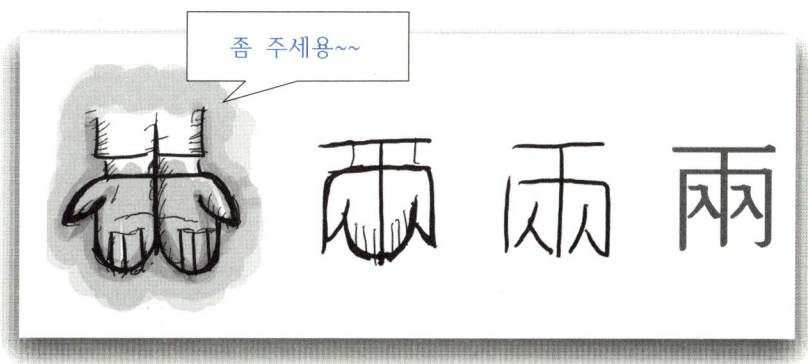

[쓰기 순서]
兩 : 一 丆 丙 币 币 丙 兩 兩

[兩 자가 들어간 단어]
兩國(양국) 兩側(양측) 兩面(양면)

  【liǎng (랴∨앙)】
【兩(량)의 속자(俗字). 兩(량)의 간체자(簡體字)】

[쓰기 순서]
两 : 一 丆 丙 万 丙 两 两

장면 기억 한자

발걸음과 연관되는 몇 글자
6) 足, 步, 走
(발 족) (걸음 보) (달릴 주)

足 족(足) 자는 걸어가거나 바쁘게 달리는 사람의 정면에서 보이는 발바닥과 허벅지나 무릎의 모양을 상형한 글자이다.

가. 인체와 연관된 한자

步 보(步) 자는 두 발로 걷고 있는 모양을 상형한 글자이다. 이는 앞에 있는 발은 땅에 막 닿아있고 뒤에 있는 발을 곧 떼려고 할 때의 모양을 상형한 것이다. 뒤에 있는 발을 곧 떼려고 할 때의 모습은 뒤꿈치가 땅에서 들리는 순간이므로 이 글자의 모양이 땅과 뒤꿈치를 연결하는 것으로 발 지(止)자와 구별이 되도록 표현하였다.

走 주(走) 자는 발을 순식간에 들어 올리는 순간을 상형한 글자이다. 주(走) 자의 아래 글자에서 왼쪽 부분이 길게 딸려 나온 것은 진흙 같은 것이 들러붙어 올라오게 된 모양이다.

진흙이 들러붙었다는 것은 좋은 길을 찾아다닐 경황이 없이 바쁘게 움직이는 모습이기 때문에 '달아나다, 달리다'를 뜻하게 되었다. 이 글자는 아래의 족(足) 자와도 연관이 된다는 것을 아래의 그림을 통해 알 수 있다.

주(走) 자는 원래 '달아나다, 떠나가다, 걷다' 등을 뜻하는 글자인데 그러나 현재 중국에서는 '걷다'라는 의미로 더 많이 사용하고 있다.

장면 기억 한자

 【zú (주ノ우)】 (7급)
【발 족/지나칠 주】 발, 엿보다, 밟다, 디디다, 달리다

측면그림

정면그림

갑골문 금문 전서 설문해자

[쓰기 순서]
足 : ㅣ 冂 口 甼 무 뮤 足

[足 자가 들어간 단어]
不足(부족) 滿足(만족) 充足(충족)

가. 인체와 연관된 한자

   【bù (뿌ㅅ우)】   (4급)
【걸음 보】 걸음걸이, 걷다, 걸어가다, 뒤따르다

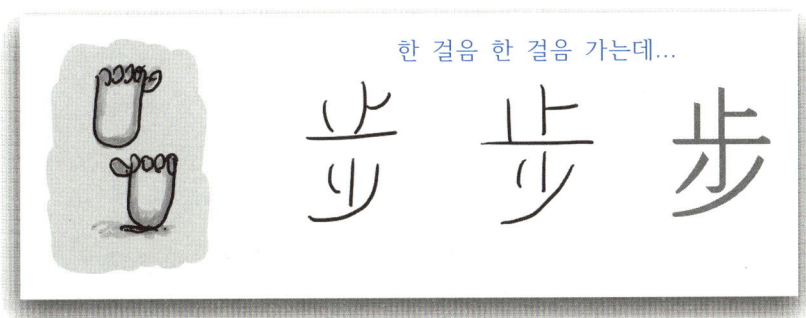

갑골문   금문   전서   설문해자

[쓰기 순서]   [步 자가 들어간 단어]
步 : 丨 ㅏ 止 뚜 뽀 步 步   讓步(양보) 進步(진보) 初步(초보)

   【zǒu (조/저ˇ우)】   (4급)
【달릴 주】 달아나다, 걷다, 떠나가다, 종종걸음

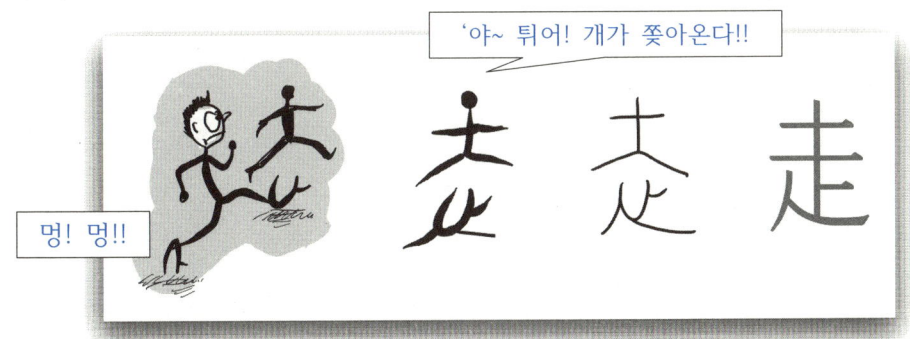

금문   전서   설문해자

[쓰기 순서]   [走 자가 들어간 단어]
走 : 一 十 土 キ キ 走 走   走行(주행) 逃走(도주) 奔走(분주)

나. 채집생활

1) 木, 林, 森, 葉(箂, 叶), 桑

2) 采(採), 菜, ++(艸, 艹, 屮)

3) 楊(杨), 柳, 卯

4) 果, 杏, 桃, 兆, 亥, 核

5) 梨, 利, 栗, 松

6) 相, 吐, 苦, 音

7) 聽(听), 聖(圣)

8) 壬, 任, 女, 妊, 身

9) 捷, 躲(躱), 朵(朶, 枽)

10) 乘, 桀, 傑(杰), 夋, 俊

11) 上, 下, 卡, 坐, 來(来)

나. 채집생활

나무와 연관되는 몇 글자
1) 木, 林, 森, 葉(箂, 叶), 桑
　(나무 목) (수풀 림) (수풀 삼) 　　(잎 엽)　　 (뽕나무 상)

木　오래 자란 큰 나무는 땅 위에서도 뿌리가 보인다. 그래서 나무 목(木)자는 바로 이러한 모습을 상형한 글자이다.

49

장면 기억 한자

林 나무가 옆으로 연이어 늘어선 모양을 림(林) 자라고 한다.

森 나무가 앞뒤로 빽빽하게 자란 나무숲을 삼(森) 자라고 한다.

葉 엽(葉) 자는 무성한 나뭇잎을 상형한 글자이다. 여기서 나뭇잎이 식물이기 때문에 초(艹) 자를 풀로 볼 수 있지만 그러나 실은 아래의 세(世) 자와 마찬가지로 나뭇잎으로 보는 것이 더 타당하다.

箂 엽(葉)의 동자 엽(箂) 자에 위에 보이는 죽(竹) 자는 아래에 있는 나뭇잎에 가린 두 잎의 모습을 상형한 글자이다. 이 글자는 또한 나뭇잎이 뾰족한 나무의 모양을 상형한 글자이기도 하다.

叶 간체자 엽(叶) 자는 나무와 나뭇잎 하나를 강조해서 그리거나 또한 어린 나무와 나뭇잎의 모양을 상형한 글자이기도 하다. 그래서 이 엽(葉) 자를 굵은 나무의 잎으로 보고 간체자 엽(叶) 자는 어린 나무의 잎으로도 볼 수 있게 된다.

桑 상(桑) 자는 뽕나무 위의 무성한 뽕잎의 모양을 상형한 글자이다.

나. 채집생활

 【mù (무ˋ우)】　　　　　　　　　　　　　　　　　　(8급)
【나무 목】 나무, 목재(木材), 오행(五行)의 하나

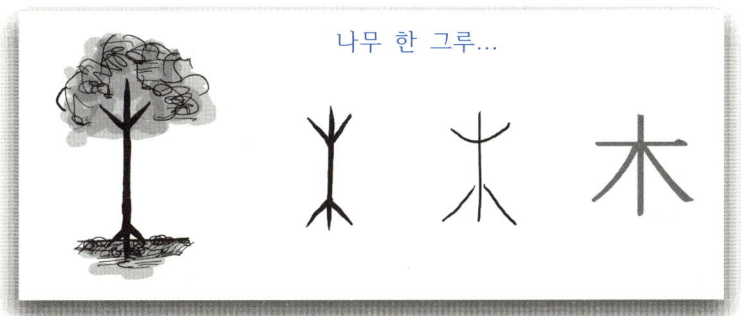

乂 갑골문　木 乂 금문　朮 전서　朮 설문해자

[쓰기 순서]　　　　　　　　　　　[木 자가 들어간 단어]
木 : 一 十 才 木　　　　　　　　　草木(초목) 木工(목공) 木材(목재)

 【lín (리ˊ인)】　　　　　　　　　　　　　　　　　(7급)
【수풀 림(임)】 수풀, 숲

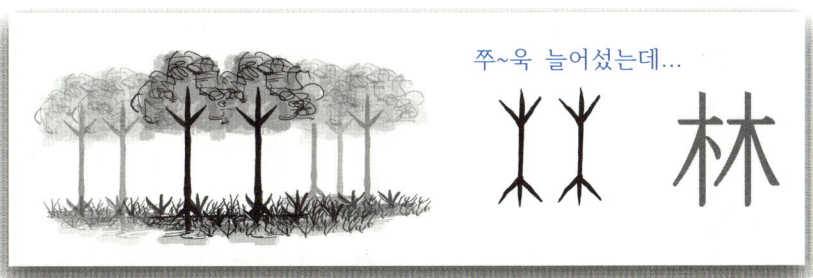

乂乂 갑골문　乂乂 금문　朮朮 전서　林 설문해자

[쓰기 순서]　　　　　　　　　　　　[林 자가 들어간 단어]
木 : 一 十 才 木　　木 : 一 十 才 木　　山林(산림) 森林(삼림)

장면 기억 한자

 【sēn (쎠ー언)】 (3급)
【수풀 삼】 수풀, 무성(茂盛)한 모양

갑골문 설문해자

[쓰기 순서]
木 : 一 十 才 木   木 : 一 十 才 木
木 : 一 十 才 木

[森 자가 들어간 단어]
森嚴(삼엄) 森立(삼립)

【yè (예ㅅ에)】 (5급)
【잎 엽】 잎, 꽃잎

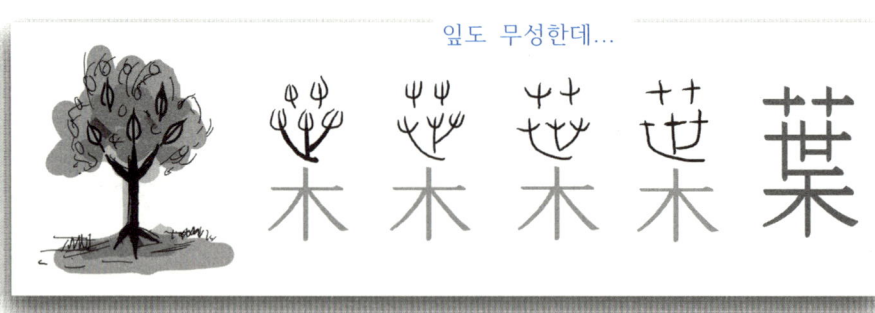

금문 전서 설문해자

[쓰기 순서]
艹 : 一 十 ㅏ 艹   世 : 一 十 卄 廿 世
木 : 一 十 才 木

[葉 자가 들어간 단어]
葉書(엽서) 葉心(엽심)

나. 채집생활

葉 【yè (예ˋ에)】
葉(엽)과 동자(同字)

 설문해자

[쓰기 순서]
 筆 : ノ ト ⺮ ⺮ 筲 筲 筆   世 : 一 十 卅 廿 世   木 : 一 十 才 木

叶 【yè (예ˋ에)】
葉(엽)의 간체자(簡體字)

[쓰기 순서]
 口 : 丨 冂 口   十 : 一 十

장면 기억 한자

 【sāng (싸ー앙)】 (3급)
【뽕나무 상】 뽕나무, 뽕잎을 따다

갑골문   전서   설문해자

[쓰기 순서]
又 : フ 又   又 : フ 又
又 : フ 又   木 : 一 十 才 木

[桑 자가 들어간 단어]
農桑(농상) 桑田(상전) 桑葉(상엽)

나. 채집생활

채집과 연관되는 몇 글자
2) 采(採), 菜, ⁺⁺(艸, 丱, 屮)
    (캘 채)   (나물 채)   (풀 초)

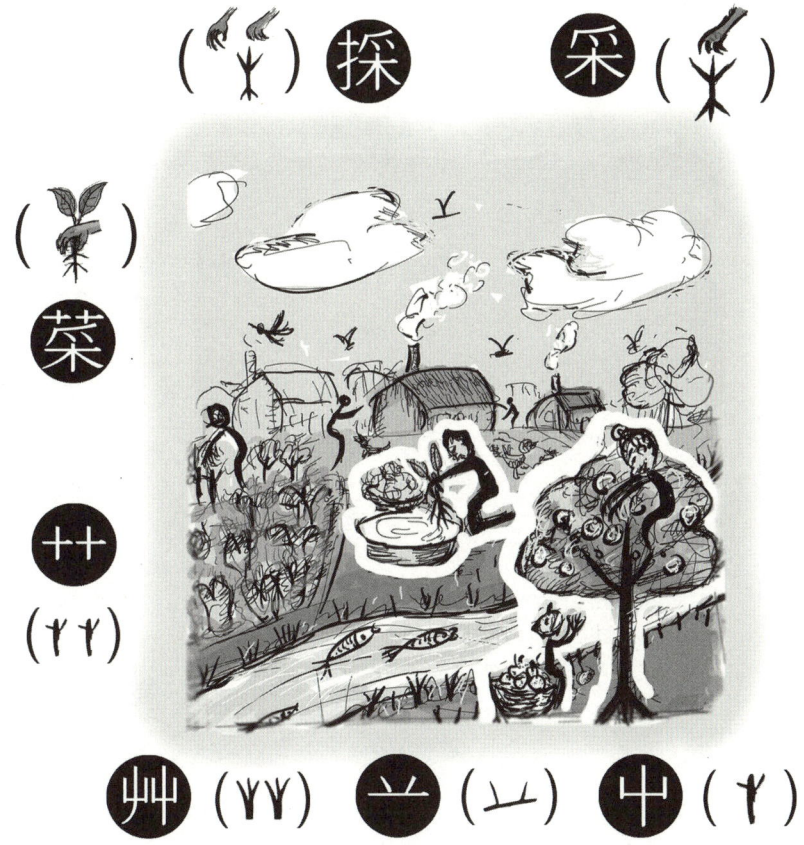

采(採) 채(采, 採) 자는 손으로 나무나 채소에서 열매나 잎을 채취하는 모습을 상형한 글자이다. 여기서 채(采) 자는 한 손으로 채집을 하는 모습이고 채(採) 자는 두 손으로 채집하는 모습이다.

菜　채(菜) 자는 채소를 다듬고 있는 모습을 상형한 글자이다. 여기서 목(木) 자는 채소의 뿌리부분이고 초(艹) 자는 잎사귀의 부분이다.

艹(艸,⺍,屮)　초(艸) 자는 많은 풀이 가지런히 나 있는 모양을 상형한 글자이다. 여기서 '艸,⺍,屮' 자의 모양은 풀의 여러 가지 모양을 본뜬 것이다.

나. 채집생활

 【cǎi (차ˇ이)】　　　　　　　　　　　　　　　　　　(특급)
【캘 채】 풍채, 벼슬, 무늬, 나무꾼

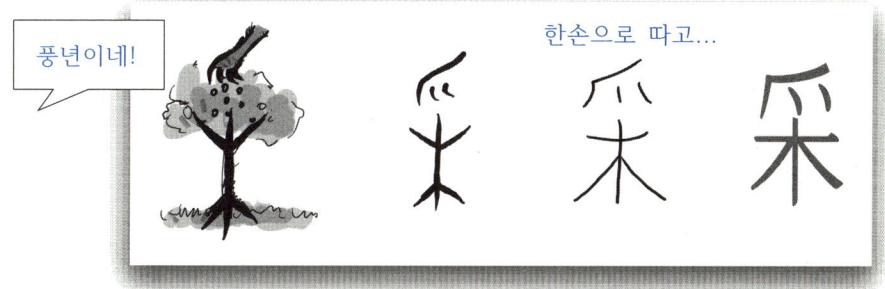

갑골문　금문　전서　설문해자

[쓰기 순서]
采 : 一 丿 ⺍ ⺤ ⺥ 平 采 采

[采 자가 들어간 단어]
喝采(갈채) 風采(풍채) 光采(광채)

 【cǎi (차ˇ이)】　　　　　　　　　　　　　　　　　　(4급)
采(채)의 속자(俗字)

[쓰기 순서]
扌 : 一 十 扌
采 : 一 丿 ⺍ ⺤ ⺥ 平 采 采

[採 자가 들어간 단어]
採用(채용) 採取(채취) 採點(채점)

장면 기억 한자

 【cài (챠ヽ이)】 (3급)
【나물 채】 나물, 푸성귀, 술안주(-按酒), 반찬(飯饌)

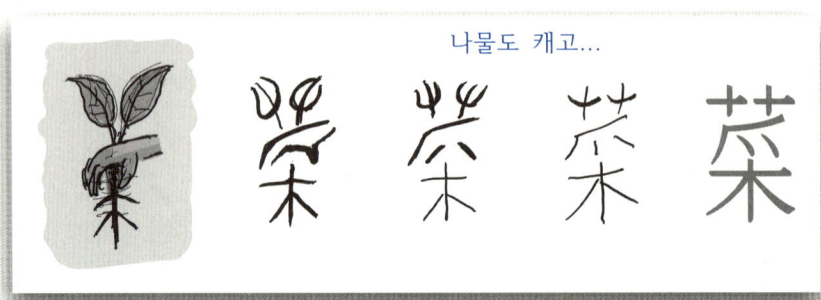

采 전서   菜 설문해자

[쓰기 순서]
艹 : 一 艹一艹
采 : ノ ⌒ ⌒ ⌒ ⌒ 采 采 采

[菜 자가 들어간 단어]
菜蔬(채소) 野菜(야채) 菜食(채식)

艹 【草(초)와 동자(同字)】

[쓰기 순서]
艹 : 一 艹一艹

나. 채집생활

 【cǎo (차∨오/우)】　　　　　　　　　　　　　　　(특급)
　　　　【풀 초】 풀

　　　　　　　艸 설문해자

[쓰기 순서]
艸 : ㄴ ㄴ 艹 艹 艹 艸

【艹(초)의 속자(俗字)】

[쓰기 순서]
艹 : ㆍ ㆍ 艹

【艸(초)의 고자(古字). 左(좌)와 통자(通字)】

[쓰기 순서]
屮 : ㄴ ㅂ 屮

나. 채집생활

3) 楊(杨), 柳, 卯
버드나무와 연관된 몇 글자
(버들 양) (들 유/류) (토끼 묘)

楊(杨) 양(楊, 杨) 자는 호수가의 버드나무와 태양 및 태양의 반영과 일렁이는 물결의 모양을 상형한 글자이다. 여기서 간체자 (杨) 자는 양(楊) 자를 간략하게 상형한 글자로 보아도 된다.

柳　류(柳) 자는 버드나무의 축 늘어진 가지를 상형한 글자이다. 이 글자를 보면 왼 쪽의 목(木) 자는 길게 늘어지지 않는 일반 버드나무(속칭 호드기나무라고도 한다. 호드기라는 말은 버들피리를 만들 수 있는 나무라는 말인 것이다.)의 모양과 오른 쪽에 있는 묘(卯) 자처럼 축 늘어진 수양버들나무의 가지거나 수양버들나무와 축 늘어진 가지의 모양을 상형한 글자이다.

卯　묘(卯) 자는 무성한 수양버들나무의 휘늘어진 가지를 상형한 글자이다.

지지(地支)에서 묘(卯) 자는 풀이나 연한 나무를 뜻하는 것이기 때문에 휘늘어진 세류(細柳)로 목(木)을 뜻하는 지지(地支)로 되었다. 이 글자가 '무성하다'를 뜻하는 것은 축 늘어진 버드나무 가지가 무성하기 때문이다.

또한 묘(卯) 자가 지지에서 토끼도 뜻하게 된 것은 이 글자가 토끼의 귀 모양을 상형한 것이기도 하 기 때문이다. 이 글자가 '왕성하다'를 뜻하게 된 것은 또한 토끼의 번식능력이 왕성하기 때문으로도 볼 수 있다.

나. 채집생활

 【yáng (야ノ앙)】   (3급)
【버들 양】버들

호수가의 수양버들은

楊 갑골문   楊楊 전서   楊 설문해자

[쓰기 순서]
木 : 一 十 オ 木   日 : 丨 冂 日 日
一 : 一   勿 : ノ 勹 勿 勿

[楊 자가 들어간 단어]
楊典(양전) 楊州(양주) 楊口(양구)

 【yáng (야ノ앙)】
楊(양)의 간체자(簡體字)

[쓰기 순서]
木 : 一 十 オ 木   㐅 : フ 弓 㐅 㐅

장면 기억 한자

 【liǔ (리∨우)】 (4급)
【버들 류(유)】 버들

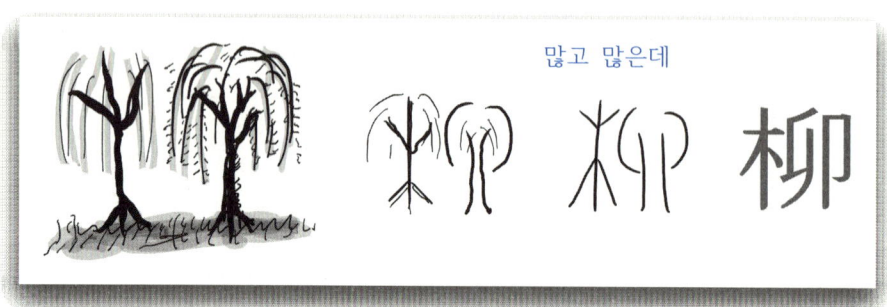

많고 많은데

갑골문 금문 전서 설문해자

[쓰기 순서]
木 : 一 十 才 木   夕 : 冫 匚 夕   卩 : 丨 卩

[柳 자가 들어간 단어]
楊柳(양류) 花柳(화류) 柳枝(유지)

<버들의 다른 모양>

 【mǎo (마∨오/우)】 (3급)
【토끼 묘】 무성(茂盛)하다, 왕성(旺盛)하다

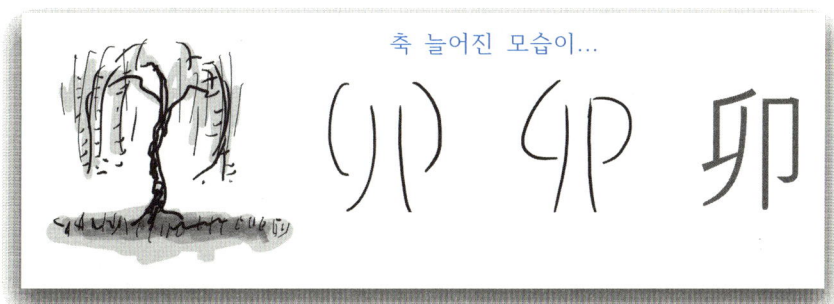

축 늘어진 모습이...

卯卯 갑골문 卯 금문 卯 전서 卯 설문해자

【넷째 지지 묘】 토끼, 넷째 지지(地支)

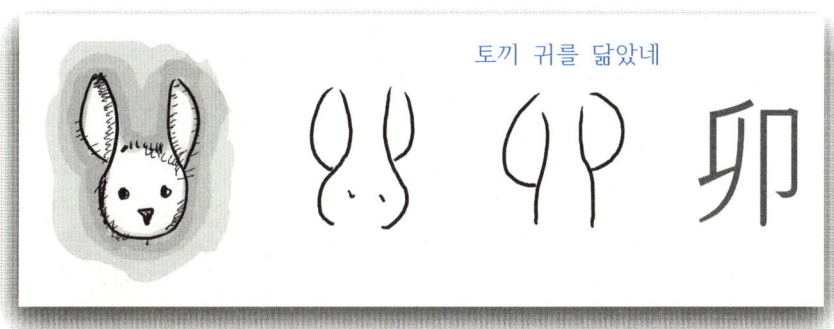

토끼 귀를 닮았네

[쓰기 순서]

[卯 자가 들어간 단어]
卯時(묘시) 卯酉(묘유) 丁卯(정묘)

장면 기억 한자

열매와 연관되는 몇 글자 (1)

4) 果, 杏, 桃, 兆, 亥, 核
(열매 과) (살구 행) (복숭아 도) (조짐 조) (돼지 해) (씨 핵)

果 과(果)자는 나무와 열린 열매를 상형한 글자이다. 이 글자는 네 개의 열매를 한데 모여서 된 모양이다.

나. 채집생활

杏 살구를 뜻하는 행(杏) 자는 매끈한 살구 씨의 모양을 상형한 글자이다. 살구와 복숭아를 그림으로 그리면 구별이 잘 안 된다. 그래서 이들의 글자를 구별하기 위해서 복숭아를 뜻하는 글자는 오돌토돌한 복숭아씨로 표현하였고 살구를 뜻하는 글자는 매끈한 살구의 씨의 모양으로 표현 하였다.

桃 도(桃) 자는 복숭아나무와 복숭아씨의 우둘투둘한 모양을 상형한 글자이다. 이 글자에서 보이는 조(兆) 자는 '조짐 조'도 뜻하지만 여기서는 옆에서 누군가 복숭아를 따서 다 먹고 버린 씨의 모양으로 보는 것이 타당하다.

兆 조(兆) 자는 복숭아씨가 오래되어 갈라지기 직전이거나 지금 갈라지고 있는 모습을 상형한 글자이다.

　복숭아는 씨가 갈라져야 싹이 올라오는데 그래서 '처음'을 뜻하게 되었고 점을 친다는 것은 잘 갈라지는지를 알아보려고 하는 것이다. 잘 갈라지면 싹이 터서 앞으로 좋은 나무로 되기 때문에 '길조(吉兆)'로 보았고 잘 터지지 않으면 싹을 못 틔우기 때문에 '흉조(凶兆)'로 보았다. 그래서 점을 본다는 것은 처음에 일이 잘 풀어지는지를 알아보려고 하는 차원에서 점을 치게 되었던 것이다.

　그런데 이 글자가 나중에 거북이 배딱지(등딱지)에서 점을 쳐서 갈라지는지 모습을 보고 길흉을 아는 풍속으로 변하면서 이 글자가 거북이의 배딱지(등딱지)에 점을 치는 것으로 풀게 되었다.

　참고로 우리말에서 '점'이라는 말은 '처음'을 한글자로 발음을 하면 '처음→첨→점'의 변화를 하였다고도 볼 수 있다.

亥 해(亥) 자는 돼지의 모양을 상형한 글자이다.

核 핵(核) 자는 복숭아나무와 복숭아씨의 우둘투둘한 모양을 상형한 글자이다. 이 글자에서 해(亥) 자는 돼지를 뜻하기도 하지면 여기서는 복숭아씨의 오돌토돌한 모양으로 보는 것이 타당하다.

장면 기억 한자

 【guǒ (구∨오/어)】　　　　　　　　　　　　　　　　　(6급)
【실과/열매 과】 실과, 열매

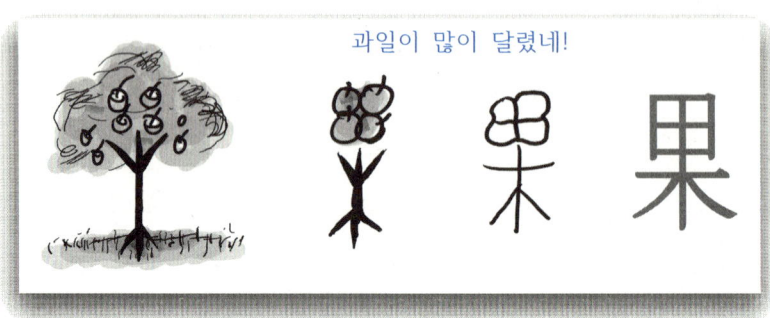
과일이 많이 달렸네!

갑골문　금문　전서　설문해자

[쓰기 순서]　　　　　　　　　　　　　[果 자가 들어간 단어]
日 : ㅣ 冂 日 日　　木 : 一 十 才 木　　果實(과실) 結果(결과) 效果(효과)

 【xìng (씨\잉)】　　　　　　　　　　　　　　　　　(특급)
【살구 행】 살구나무, 살구

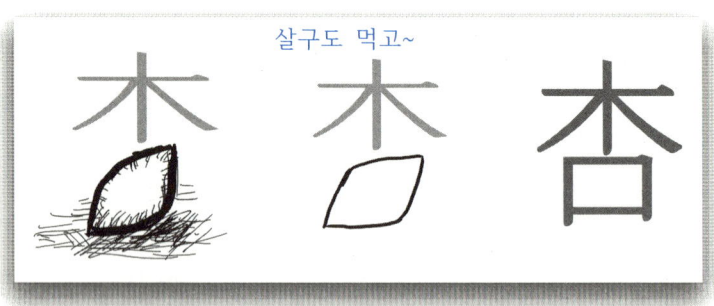
살구도 먹고~

갑골문　전서　설문해자

[쓰기 순서]　　　　　　　　　　　　　[杏 자가 들어간 단어]
木 : 一 十 才 木　　口 : ㅣ 冂 口　　杏花(행화) 銀杏(은행) 杏仁(행인)

68

 【táo 타ノ오/우)】 (3급)
【복숭아 도】 복숭아나무, 복숭아

전서 설문해자

[쓰기 순서]
木 : 一 十 才 木
兆 : ノ ノ ノ 兆 北 兆

[桃 자가 들어간 단어]
桃花(도화) 扁桃腺(편도선)

 【zhào (짜ㅅ오/우)】 (3급)
【조짐 조】 조짐, 처음, 점치다

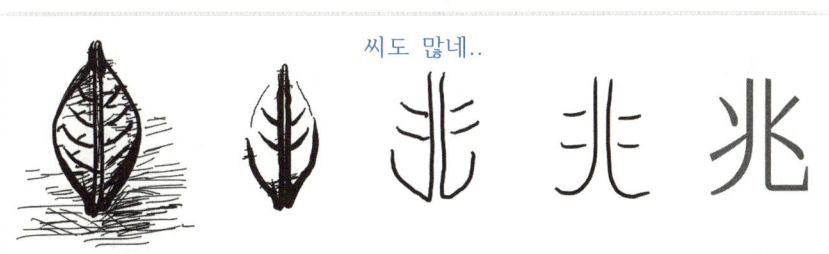

갑골문 전서 설문해자

[쓰기 순서]
兆 : ノ ノ ノ 兆 北 兆

[兆 자가 들어간 단어]
徵兆(징조) 吉兆(길조) 凶兆(흉조)

장면 기억 한자

 【hài (ㅎㅏㅣ)】 (3급)
【돼지 해】 돼지(豕자모양 비슷해서...), 열두 번 째지지

이건 뭐지?

돼지모양이 복숭아씨를 닮았네?!

갑골문 금문 전서 설문해자

[쓰기 순서]
亥 : 丶 一 亠 亥 亥 亥

[亥 자가 들어간 단어]
亥方(해방) 胡亥(호해)

 【hé (허∕어)】   (4급)
【씨 핵】 씨, 핵심

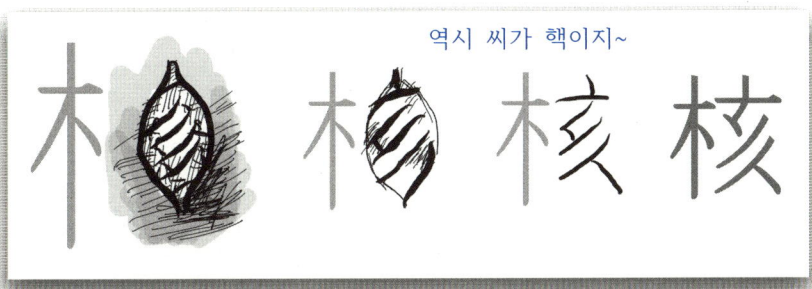

[쓰기 순서]
木 : 一 十 才 木   亥 : 丶 亠 亥 亥 亥

[核 자가 들어간 단어]
核武器(핵무기) 核心(핵심)

장면 기억 한자

열매와 연관된 몇 글자 (2)
5) 梨, 利, 栗, 松
(배나무 이/리) (이로울 이/리) (밤 율/률) (소나무 송)

梨 리(梨)자는 배나무 위에 열린 배의 모양을 상형한 글자이다. 위 글자에서 도(刂) 자는 배의 모양이 변화한 것이고 화(禾) 자는 멀리서 희미하게 보이는 배의 모양과 배나무의 모양을 상형한 것이다. 화(禾) 자에서 보이는 'ノ' 부호는 멀리 있는 배의 모양이 잘 보이지 않아 'ノ'처럼 간략하게 표현한 것이다.

나. 채집생활

利 이(利) 자는 벼를 수확하는 모습을 상형한 글자이기도 하지만 여기서는 배나무를 칼로 다듬는 모습을 상형한 글자이기도 하다.

栗 율(栗) 자는 나무 위에 열린 밤송이가 터진 아람의 모양을 상형한 글자이다. 밤송이가 아람이 벌면 밤톨이 두서너 개가 보이는데 율(栗) 자에서 보이는 서(西) 자는 밤톨이가 세 개 보이는 모양을 상형한 글자이다.

松 송(松) 자는 소나무와 솔방울이 여물어 떨어져 있는 모양을 상형한 글자이다.

【lì (리ㅡ이)】 (3급)
【배나무 리(이)】 배, 배나무

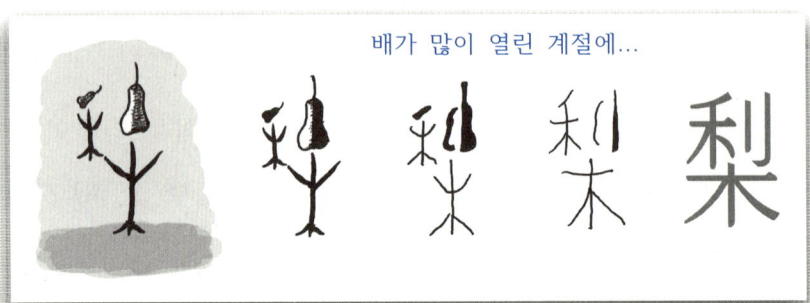

梨 전서　黎 설문해자

[쓰기 순서]
禾 : 一 二 千 禾 禾　　刂 : 丨 刂
木 : 一 十 才 木

[梨 자가 들어간 단어]
梨花(이화) 生梨(생리) 山梨(산리)

利 【lì (리ㅡ이)】 (6급)
【이로울 리(이)】 이롭다, 이익, 날카롭다, 날래다

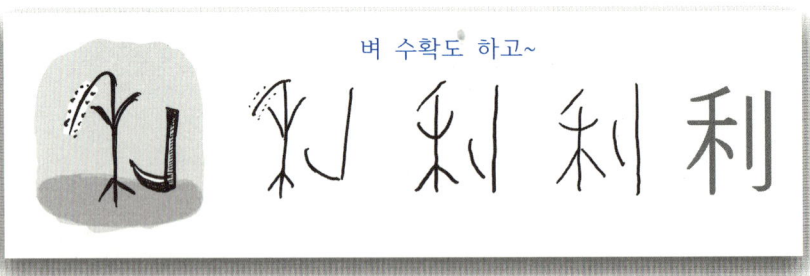

利 갑골문　利 금문　利 전서　利 설문해자

[쓰기 순서]
禾 : 一 二 千 禾 禾　　刂 : 丨 刂

[利 자가 들어간 단어]
勝利(승리) 利用(이용) 利益(이익)

나. 채집생활

【lì (리ˋ이)】
【밤/두려워할 률(율)】 밤, 밤나무
(3급)

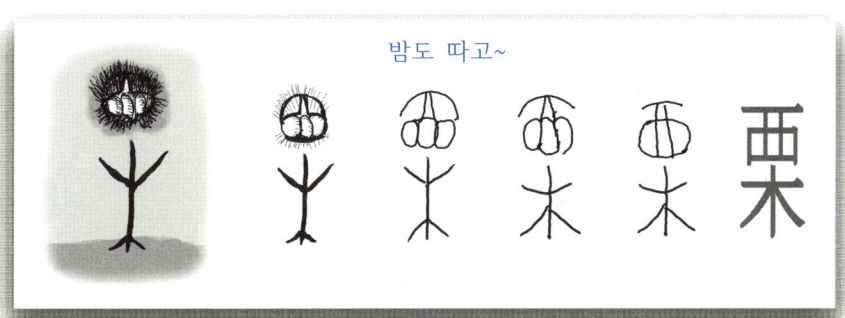

갑골문 전서 설문해자

[쓰기 순서]
西 : 一 丆 兀 丙 两 西
木 : 一 十 才 木

[栗 자가 들어간 단어]
栗谷(율곡) 生栗(생률) 棗栗(조율)

【sōng (쏘ㅡ옹, 쑤ㅡ웅)】
【소나무 송】 소나무
(4급)

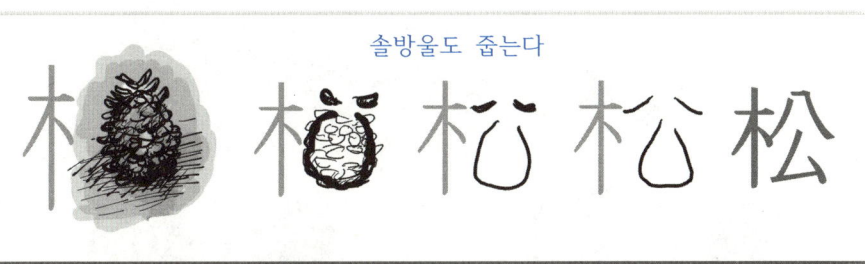

금문 전서 설문해자

[쓰기 순서]
木 : 一 十 才 木   八 : 丿 八
厶 : 𠃋 厶

[松 자가 들어간 단어]
松京(송경) 松山(송산) 松島(송도)

장면 기억 한자

열매와 연관되는 몇 글자 (3)

6) 相, 吐, 苦, 音
(서로 상) (토할 토) (쓸 고) (침 부/침 뱉을 투)

相 상(相) 자는 과일나무가 잘 자라나게 눈으로 관찰하며 보살피고 있는 모습을 상형한 글자이다. 이 글자에서 목(目) 자는 눈으로 볼 수도 있지만 또한 보고 있는 얼굴의 옆모습으로 보는 것이 더 타당하다.

나. 채집생활

吐 토(吐) 자는 입안에 있는 침이나 먹은 과일의 씨를 옆으로 뱉어 버리는 모습을 상형한 글자이다. 여기서 토(土) 자는 앉아 있거나 바로 선 사람의 모습을 상형한 글자이다.

苦 고(苦)자는 씨를 까서 씨앗을 먹거나 기타 쓴맛을 보고 얼굴을 찌푸리는 모습을 상형한 글자이다. 맛이 쓰면 자기도 모르게 얼굴이 찌푸려지기 마련이다.

音 부(音) 자는 입안의 침이나 먹은 과일의 씨를 앞으로 뱉어 버리는 모습을 상형한 글자이다. 여기서 입(立) 자는 장포를 입고 앉아 있거나 서있는 사람의 모습을 상형한 글자이다.

장면 기억 한자

 【xiāng (씨―앙), xiàng (씨＼앙)】　　　　　　　　　　(5급)
【서로 상/빌 양】 서로, 자세히 보다, 도움, 돕다

갑골문　　금문　　전서　　설문해자

[쓰기 순서]　　　　　　　　　　　　　　[相 자가 들어간 단어]
木 : 一 十 オ 木　　目 : 丨 冂 冃 目　　樣相(양상) 相對(상대) 相互(상호)

吐　【tù (뚜＼우)】, 【tǔ (투∨우)】　　　　　　　　　　(3급)
【토할 토】 뱉다, 펴다, 말하다, 버리다, 털어놓다

전서　　설문해자

[쓰기 순서]　　　　　　　　　　　　　　[吐 자가 들어간 단어]
口 : 丨 冂 口　　土 : 一 十 土　　　　吐露(토로) 嘔吐(구토) 實吐(실토)

78

나. 채집생활

 【kǔ (쿠∨우)】 (6급)
【쓸 고/땅 이름 호】 쓰다, 괴롭다, 쓴 맛

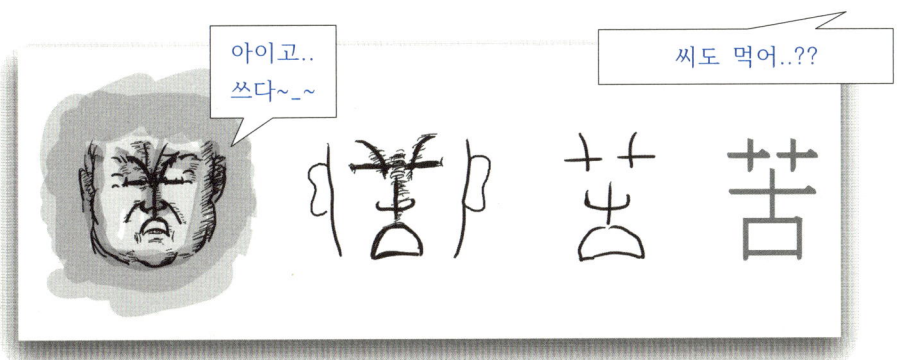

[쓰기 순서]
艹 : 一 十 卄 艹   十 : 一 十
口 : ㅣ 冂 口

[苦 자가 들어간 단어]
苦悶(고민) 苦痛(고통) 苦惱(고뇌)

 【pǒu (포/퍼∨우)】
【침 부/침 뱉을 투】 침, 침 뱉다

[쓰기 순서]
立 : ' 亠 六 立 立   口 : ㅣ 冂 口

장면 기억 한자

채집과 연관되는 몇 글자

7) 聽(听), 聖(圣)
(들을 청) (성인 성)

听 청(听) 자는 한 사람이 귀로 다른 사람의 말소리를 듣고 있는 모양을 상형한 글자이다.

나. 채집생활

聽 청(聽) 자는 수염이 수북한 연장자(우두머리)의 말씀을 듣고 있는 모습을 상형한 글자이다.

청(聽) 자의 왼 쪽 부수에서 이(耳) 자와 임(壬) 자의 결합은 성(聖) 자를 간략하게 표현한 글자이다. 다만 이 간략한 글자에서 귀 이(耳) 자의 세로금을 길게 아래로 그은 것이다. 물론 '壬(임)' 자가 변형되어 '王(왕)' 자로도 되었다고도 볼 수 있다.

성(聖)자는 나무 위에서 주위의 동정을 듣는 모습이기 때문에 이 글자를 '들을 청(聽)' 자로 사용하게 되기도 하고 또한 청(聽) 자의 오른 쪽 글자는 수염이 수북한 연장자(우두머리)가 말을 하고 있는 모습을 뜻하기에 '듣다'를 뜻하게 되기도 하였다.

청(聽) 자에서 오른 쪽의 글자는 덕(德) 자의 약자로도 볼 수 있어서 옳은 말씀을 듣고 있는 모습으로도 볼 수 있다.

聖 성(聖) 자는 나무 위나 높은 곳에서 망을 보고 있는 우두머리의 모습을 상형한 글자이다.

먼 옛날에 사람들이 채집에 열중하면 맹수의 공격을 당할 수 있기 때문에 언제나 한 사람이 높은 곳에 올라가서 망을 보아야 했다. 이 때 망을 보는 사람은 보통 우두머리가 망을 보게 되기 때문에 이 글자가 '임금, 성인'을 뜻하게 되었다. 옛날에는 '임금, 성인'이 '우두머리'인 것이다.

망을 볼 때는 주위의 숲에 의해 시야가 가려 잘 볼 수가 없기 때문에 우두머리가 귀를 쫑긋 세워 듣게 되는데 그러다가 위험한 소리가 감지되면 입으로 소리를 쳐서 상황을 알려주는 된다. 그러면 채집을 하는 사람들이 급박하게 나무나 기타 안전장소로 대피하게 된다.

圣 성(圣) 자는 나무 위나 높은 곳에서 망을 보고 있는 우두머리의 모습을 성(聖) 자보다 간략하게 상형한 글자이다.

장면 기억 한자

 【tīng (티ー잉)】
聽(청)의 간체자(簡體字)

听 聽 설문해자

[쓰기 순서]
口 : 丨 冂 口   斤 : ノ 厂 斤 斤

 【tīng (티ー잉)】 (4급)
【들을 청】 듣다, 들어 주다

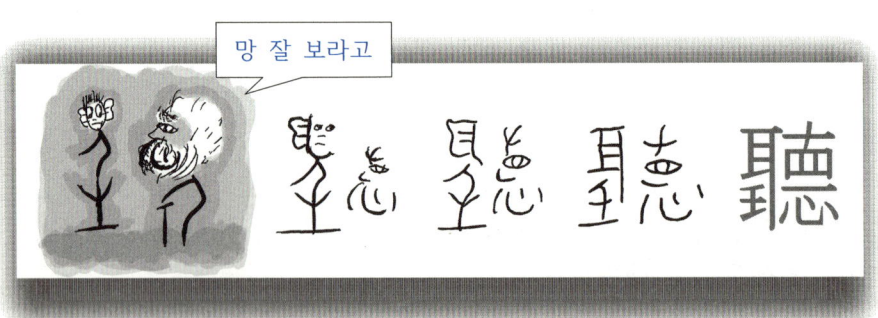

갑골문   금문   聽 聽 전서

[쓰기 순서]
耳 : 一 丅 丆 丒 丟 耳
壬 : ノ 一 二 壬
罒 : 丨 冂 冂 冃 罒   一 : 一   心 : 丶 心 心 心

[聽 자가 들어간 단어]
盜聽(도청) 視聽(시청) 聽覺(청각)

 【shèng (ㄕㄥˋ)】 (4급)
【성인 성】 임금, 신선, 거룩하다, 뛰어나다

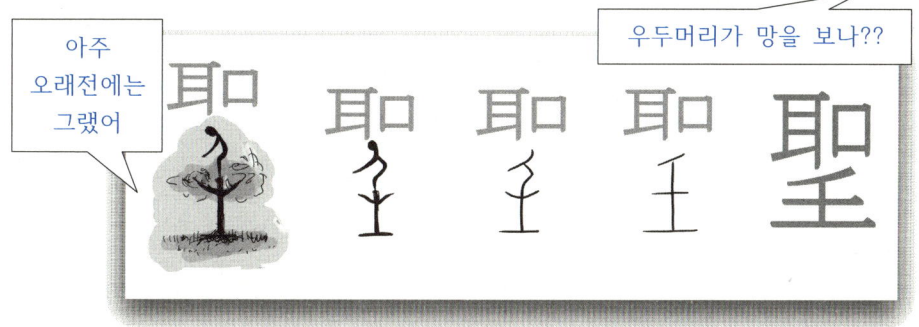

[쓰기 순서]
耳 : 一 丁 丁 丌 丌 耳 耳
壬 : 丿 一 二 壬

[聖 자가 들어간 단어]
聖人(성인) 聖誕節(성탄절)

口 : 丨 冂 口

圣 【shèng (ㄕㄥˋ)】

聖(성)의 간체자(簡體字)/동자(同字)

[쓰기 순서]
又 : 𠃌 又   土 : 一 十 土

장면 기억 한자

여자와 연관되는 글자

8) 壬, 任, 女, 妊, 身
(북방 임) (맡길 임) (여자 여/녀) (아이 밸 임) (몸 신)

壬 임(壬) 자는 본래 나무 위에 올라선 우두머리의 모습을 상형한 글자이다.

먼 옛날에 집단생활을 할 때, 밖에서 채집하게 되면 그 때는 우두머리인 왕은 직접 나무 위로 올라가서 주위의 경계를 담당하였다. 이것은 지금도 집단생활을 하고 있는 유인원을 보면 우두머리가 나무 위에서 경계를 보는 것과 마찬가지이다.

지금 임(壬) 자가 '북방, 아홉째 천간'을 뜻하게 된 것은 추운 겨울날에 나무 위에 올라가서 망을 보기 때문이다. 천간에서 '수(水)'는 '북쪽'을 뜻한다.

任 임(任) 자는 왕이 다른 사람에게 대신 경계를 맡기고 있는 모습을 상형한 글자이다. 그래서 '맡기다'를 뜻하게 되었다.

女 여(女) 자는 무릎을 꿇고 앉아서 빌고 있는 여자의 모습을 상형한 글자이다.

妊 임(妊) 자는 임신을 하여 배가 불룩한 여자의 몸을 상형한 글자이다.

그런데 이 글자가 왕을 뜻하는 임(壬) 자의 모양과 같아 구별하기 위해서 임(妊) 자 앞에 여(女) 자를 넣어 여자의 임신한 몸이라는 것을 명확히 한 것이다.

身 신(身) 자는 원래는 임신을 하고 있는 몸을 상형한 글자이다. 옛날에는 여자의 몸을 신(身)이라 하고 남자의 몸을 체(体)라고 하였다. 그런데 지금은 이러한 구별이 없어진 것이다.

장면 기억 한자

 【rén (러/언)】 (3급)
【북방 임】 북방, 아홉째 천간, 크다, 아첨하다

[쓰기 순서]
壬 : ノ 一 ニ 三 壬

[壬 자가 들어간 단어]
壬辰(임진) 壬戌(임술) 壬亂(임란)

 【rèn (러\언)】 (5급)
【맡길/맞을 임】 맡기다

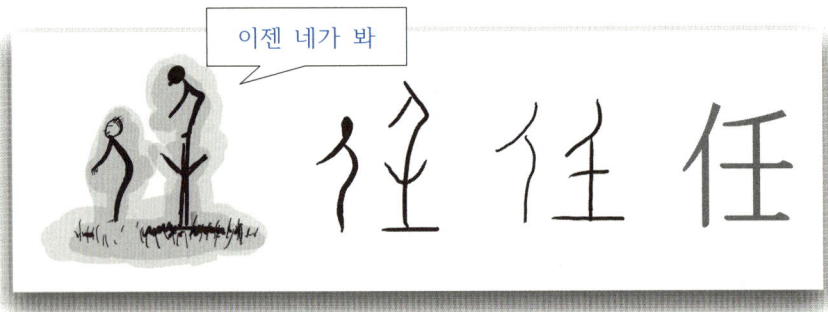

[쓰기 순서]
亻 : ノ 亻   壬 : 一 二 三 壬

[任 자가 들어간 단어]
任務(임무) 責任(책임) 任期(임기)

나. 채집생활

  【nǚ (뉘ˇ위)】　　　　　　　　　　　　　　　　(8급)
　　　【여자 여(녀)】 여자, 딸, 처녀

　　갑골문　　금문　　전서　　설문해자

[쓰기 순서]　　　　　　　　　[女 자가 들어간 단어]
女 : 人 乆 女　　　　　　　　女子(여자) 男女(남녀) 女性(여성)

  【rèn (쭨ˋ언)】　　　　　　　　　　　　　　　(2급)
　　　【아이 밸 임】 아이를 배다, 임신(妊娠)하다

　　갑골문　　금문　　설문해자

[쓰기 순서]　　　　　　　　　　　[妊 자가 들어간 단어]
女 : 人 乆 女　　壬 : 一 二 三 壬　　妊娠(임신) 不妊(불임) 懷妊(회임)

 【shēn (ㄕㄣ)】 (6급)
【몸 신】 몸, 신체(身體), (아이를)배다

[쓰기 순서]
身 : ´ ㇓ ⺈ 竹 身 身 身

[身 자가 들어간 단어]
身體(신체) 自身(자신) 出身(출신)

나. 채집생활

나무 주위에서 생활하는 모습과 연관되는 몇 글자 (1)

9) 捷, 躱(躲), 朵(朵, 菜)
(빠를 첩)　(감출 타)　　(늘어질 타)

捷 첩(捷) 자는 두 손으로 나무를 잡고(또는 풀을 잡고 높은 데로) 재빠르게 올라가는 모습을 상형한 글자이다.

89

장면 기억 한자

아주 먼 옛날 산에서 살던 시기에 사람들이 땅에 내려와 채집을 하거나 할 때 가장 안전한 피신처는 나무 위였다. 그래서 이 때 생명이 위협받는 급박한 상황이 되면 재빠르게 나무 위로 올라간다. 첩(捷) 자는 바로 이런 모습을 상형한 글자이다.

躱(躲) 타(躲) 자는 임신한 여자와 아이가 맹수들의 위험한 공격을 피해 나무 위에 올라가거나 숲 속으로 몸을 숨기고 있는 모습을 상형한 글자이다.
  아주 오랜 옛날에 사람들은 채집하거나 생활 할 때 맹수들이 공격을 자주 받게 되었는데 그를 때 가장 쉬운 피신 방법은 나무 위나 숲속으로 숨는 것이 최선의 방법이었다. 타(朶, 朵) 자는 나무 위에 휘늘어져 피어있는 꽃의 모양이기도 하지만 여기서는 나무위로 숨어있는 사람의 모습을 상형한 글자로 보는 것이 타당하다.

朶(朵, 菜) 타(朶, 朵) 자는 나무 위에 휘늘어져 피어있는 꽃의 모양을 상형한 글자이다.

나. 채집생활

  【jié (지╱에)】   (1급)
【빠를 첩】 날래다, 빨리, 속히, 이루다

[쓰기 순서]
扌 : 一 十 扌   一 : 一
⺕ : ㄱ ㅋ ⺕   止 : 丨 ト ㅑ 止

[捷 자가 들어간 단어]
敏捷(민첩) 捷徑(첩경) 大捷(대첩)

  【duǒ (두˅오╱어)】
【감출 타】 몸 감추다, 피하다

[쓰기 순서]
身 : ⺈ 丨 ⺆ ⺆ 自 自 身   乃 : ㇉ 乃
木 : 一 十 才 木

[躲 자가 들어간 단어]
躲避(타피) 逃躲(도타)

91

장면 기억 한자

 【duǒ (두∨오/어)】
躲(타)와 동자(同字)

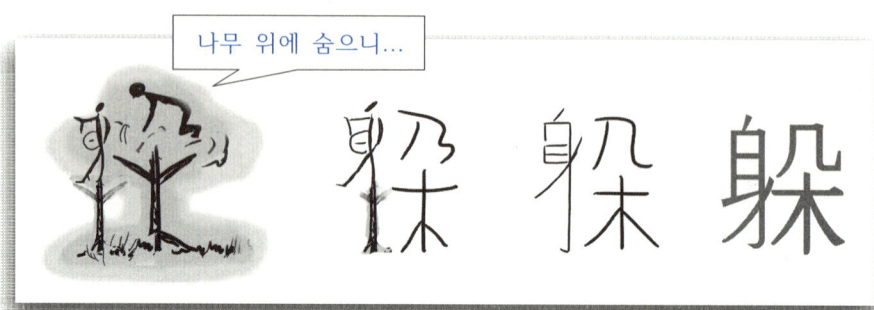

[쓰기 순서]
身 : ′ ⌒ ⼎ 冂 甪 身 身   几 : ノ 几   木 : 一 十 才 木

 【duǒ (두∨오/어)】　　　　　　　　　　　　　　(특급)
【늘어질 타】 늘어지다, 가지에서 휘늘어진 꽃송이

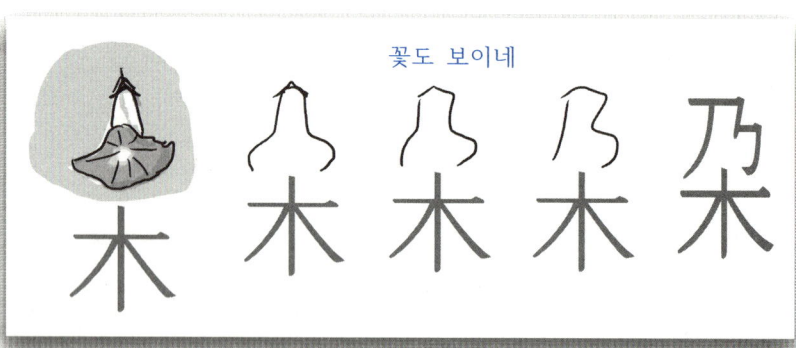

[쓰기 순서]　　　　　　　　　　　　　[朵 자가 들어간 단어]
乃 : ノ 乃   木 : 一 十 才 木　　　　花朵(화타) 耳朵(이타) 萬朵(만타)

나. 채집생활

朵 【duǒ (두∨오/어)】
朵(타)의 본자(本字)/동자(同字)

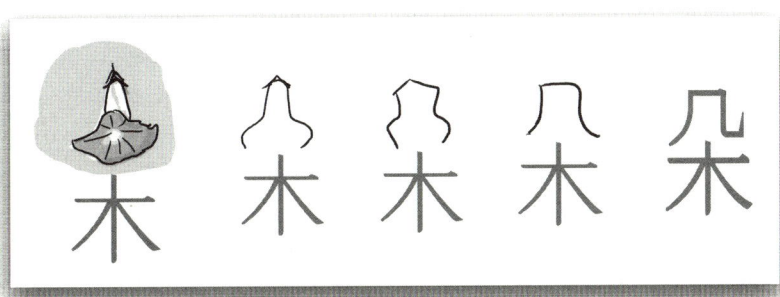

[쓰기 순서]
几 : ノ 几   木 : 一 十 才 木

萚 【duǒ (두∨오/어)】
【朵(타)와 동자(同字)】

와~ 꽃도 많이 피였네~?

[쓰기 순서]
卝 : 一 十 卝   乃 : ノ 乃   木 : 一 十 才 木

나무 주위에서 생활하는 모습과 연관되는 몇 글자 (2)

10) 乘, 桀, 傑(杰), 夋, 俊
(탈 승) (회 걸) (뛰어날 걸) (천천히 걸을 준) (준걸 준)

乘 승(乘) 자는 한 사람이 나무 위에 올라타 있고 기타 두 사람은 나무 위에 오르지 못해 발만 동동거리다가 주저앉아 있는 모습을 상형한 글자이다.

나. 채집생활

이 글자가 '이기다, 업신여기다'를 뜻하게 된 것은 먼저 나무 위에 올라가 있는 사람이 나무를 오르지 못한 사람을 조롱하며 업신여기고 있기 때문이다.

桀　걸(桀) 자는 나무위에 올라가 서있는 '임금'과도 같은 사람의 모습을 상형한 글자이다. 이 글자에서 두 발만 보이게 되는 것은 아래에서 위로 올려다 보면 몸은 나무숲에 가려서 보이지 않기 때문이다.

傑　걸(桀) 자는 나무위에 올라가 서있는 '임금'과도 같은 사람의 모습을 상형한 글자이다. 이 글자에서 두 발만 보이게 되는 것은 아래에서 위로 올려다 보면 몸은 나무숲에 가려서 보이지 않기 때문이다. 그 중 부수 인(亻) 자는 아래서 위로 올려다보고 있는 사람의 모습이다.

杰　걸(杰) 자는 임(壬) 자와 같이 나무위에 올라 서있는 '임금'의 모습을 상형한 글자이다. 이 글자에서 아래의 화(灬) 자는 '숯불'이 아니고 여기서는 나무 아래에 자란 풀의 모양으로 보는 것이 더 타당하다.

夋　준(夋) 자는 '임금'과 같은 사람이고 이 사람이 천천히 갈 지(之) 자 걸음을 걷고 있는 모습을 상형한 글자이다.

俊　준(俊) 자는 한 사람이 왕과 같은 사람 앞에서 굽실거리는 모습을 상형한 글자이다. 여기서 인(亻) 자를 머슴이거나 하인으로 보고 그 옆에 있는 준 자는 '임금'과 같은 사람이고 이 사람이 천천히 갈 지(之) 자 걸음을 걷고 있는 모습으로 보면 쉽게 이해가 된다.

장면 기억 한자

 【chéng (처ㄥ영)】 (3급)
【탈 승】 오르다, 헤아리다, 이기다, 업신여기다

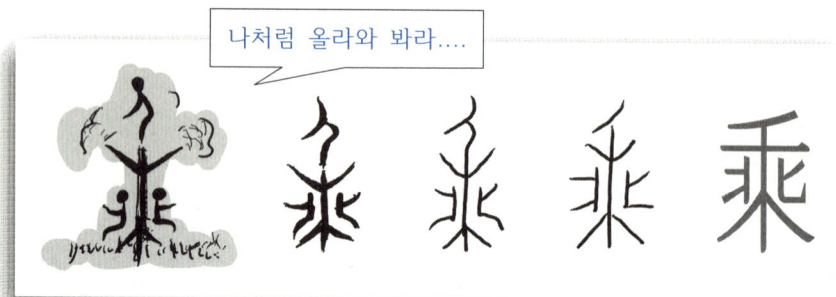

갑골문 금문 설문해자

[쓰기 순서]
千 : ㅡ 二 千   ㅏ : 丶 ㅏ
匕 : ㄴ 匕   八 : ノ 八

[乘 자가 들어간 단어]
乘客(승객) 便乘(편승)

桀 【jié (지ㄥ에)】 (특급)
【홰 걸】 닭의 홰, 뛰어난 인재, 용감하다

전서 설문해자

[쓰기 순서]
夕 : ノ ク タ   ヰ : ㅡ ㄷ ヰ
木 : ㅡ 十 才 木

[桀 자가 들어간 단어]
桀驁(걸오) 桔桀(길걸) 桀紂(걸주)

나. 채집생활

  【jié (지ㅣ에)】   (4급)
　　　【뛰어날 걸】 출중하다, 우뚝하다, 사납다

[쓰기 순서]
　亻 : ノ亻　　夕 : ノク夕
　ヰ : 一匚ヰ　　木 : 一十才木

[傑 자가 들어간 단어]
　傑作(걸작) 豪傑(호걸) 女傑(여걸)

  【jié (지ㅣ에)】
　　　傑(걸)의 속자(俗字)

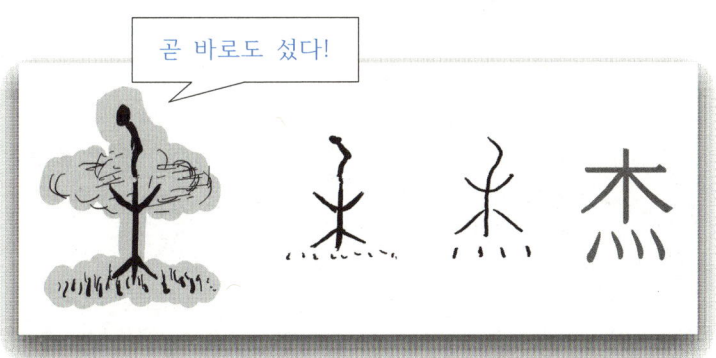

[쓰기 순서]
　木 : 一十才木　　灬 : ㇐ 丷 ㇐㇐ 灬

97

장면 기억 한자

【qūn (쮜ー윈)】
【천천히 걷는 모양 준】 천천히 걷는 모양, 가다

夋 설문해자

[쓰기 순서]

ㅿ : ㄥ ㅿ   儿 : ㇒ 儿   夂 : ㇒ 勹 夂

【jùn (쮜ㄟ윈)】   (3급)
【준걸 준/순임금 순】 준걸(俊傑) (재주와 슬기가 매우 뛰어남. 또는 그런 사람), 뛰어난 인물, 좋다, 높다

俊 전서   俊 설문해자

[쓰기 순서]   [俊 자가 들어간 단어]

亻 : ㇒ 亻   ㅿ : ㄥ ㅿ   儿 : ㇒ 儿   俊傑(준걸) 俊秀(준수)
夂 : ㇒ 勹 夂

나. 채집생활

나무 주위에서 생활하는 모습과 연관되는 몇 글자 (3)

11) 上, 下, 卡, 坐, 來(来)
(윗 상) (아래 하) (지킬 잡) (앉을 좌) (올 래)

上 상(上) 자는 망을 보러 나뭇가지 위에 올라가서 서 있는 모습을 상형한 글자이다.

下　하(下) 자는 망을 보고나서 내려오려고 나뭇가지를 잡고 뛰어 내리는 모습을 상형한 글자이다.

卡　카(卡) 자는 나무위에서 떨어지면서 몸이 방아다리가지 사이로 몸이 거꾸로 끼어 있는 모습이다. 이를 때는 옴짝달싹 못하기 때문에 '꼭 끼이다' 등을 뜻하게 되었다.

坐　좌(坐) 자는 나뭇가지 위에 두 사람이 앉아서 망을 보고 있는 모습을 상형한 글자이다.

來(来)　래(來) 자는 채집활동 등과 같은 일이 끝나 망을 다 보고 내려오는 두 사람의 모습을 상형한 글자이다.

나. 채집생활

 【shàng (ㄕㄤˋ 앙)】　　　　　　　　　　　　　　(7급)
【윗 상】 앞, 첫째, 옛날, 임금, 높다, 드리다

 갑골문 　 금문 　 전서 　 설문해자

[쓰기 순서]　　　　　　　　　　[上 자가 들어간 단어]
上 : ㅣ ㅏ 上　　　　　　　　　以上(이상) 上昇(상승) 世上(세상)

 【xià (ㄒㄧㄚˋ 아)】　　　　　　　　　　　　　(7급)
【아래 하】 밑, 끝, 아랫사람, 하급, 내리다, 낮추다

 갑골문 　 금문 　 전서 　 설문해자

[쓰기 순서]　　　　　　　　　　[下 자가 들어간 단어]
下 : 一 丅 下　　　　　　　　　下降(하강) 下落(하락) 以下(이하)

장면 기억 한자

 【qiǎ (치∨아)】, 【kǎ (카∨아)】
【지킬 잡, 음역자 가】 지키다, 꼭 끼이다, 틈에 박히거나 꽂히다, 카드(card) (가)

살려 주세요~~
끼었어요!!

[쓰기 순서]

上 :丨 卜 上   卜 : 丨 卜

[卡 자가 들어간 단어]

卡尺(가척) 卡带(가대) 卡规(가규)

나. 채집생활

 【zuò (쭈ヽ오/어)】 (3급)
【앉을 좌】 자리, 좌석, 머무르다

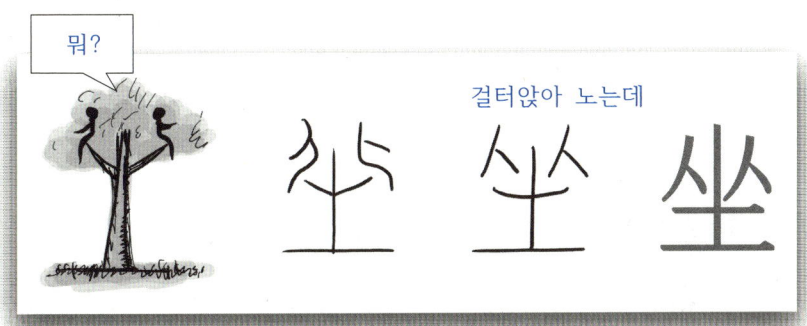

坐 坐 坐 坐 전서　坐 坐 설문해자

[쓰기 순서]
人 : ノ 人　　人 : ノ 人
土 : 一 十 土

[坐 자가 들어간 단어]
坐席(좌석) 坐板(좌판) 坐禪(좌선)

來 【lái (라/이)】 (7급)
【올 래】 오다, 돌아오다

來 來 갑골문　來 금문　來 전서　來 설문해자

[쓰기 순서]
木 : 一 十 才 木　　人 : ノ 人　　人 : ノ 人

[來 자가 들어간 단어]
往來(왕래) 招來(초래)

장면 기억 한자

 【lái (라́이)】
來(래)의 간체자(簡體字)

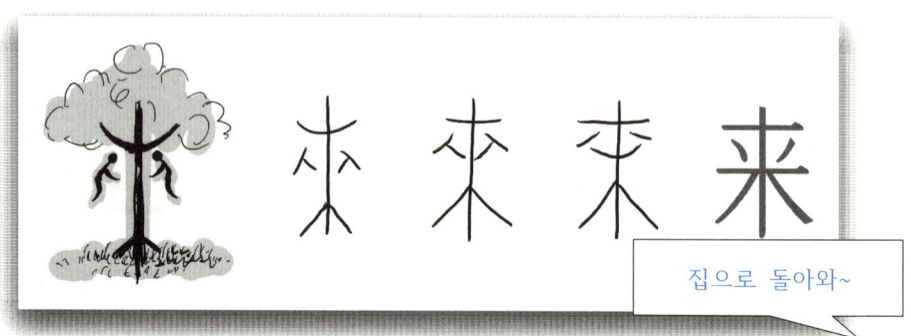

집으로 돌아와~

[쓰기 순서]
来 : 一 ㄷ ㄸ 平 平 来 来

다. 불의 발견과 수렵생활

1) 火(灬), 然, 燃, 狼, 犬(犭)
2) 油, 由, 炙, 久, 灸
3) 風(风), 吹, 炎, 熱(热), 赤
4) 刀(刂), 削, 尖, 肖, 消
5) 虎, 兔, 象, 敢, 虍
6) 作, 石, 乍, 炸
7) 父, 爸, 爺(爷)
8) 辛, 何, 均, 勻

다. 불의 발견과 수렵생활

숯불구와 연관된 몇 글자 (1)
1) 火(灬), 然, 燃, 狼, 犬(犭)
　(불 화)　(그럴 연)　(탈 연)　(이리 랑/낭)　(개 견)

火　불 화(火) 자는 활활 타오르는 불꽃의 모양을 상형한 글자이다.

장면 기억 한자

灬 화(灬) 자는 타고나서 불기가 남아 있는 숯이거나 장작을 상형한 글자이다.

然(燃) 그럴 연(然) 자와 탈 연(燃) 자는 사람이 고기를 구워먹고 있는 모습을 상형한 글자이다. 이들 글자에서 보이는 견(犬) 자는 개를 상형한 글자인데 여기서는 고기를 굽고 있는 사람의 모습으로 보는 것이 더 타당하다.

고기를 구울 때 한 손은 꼬챙이로 고기를 끼워서 굽고 있는데 이때 얼굴이 너무 뜨거워 다른 한 손으로 얼굴을 가리는 모습을 하고 있는 모양이다. 고기를 구울 때는 보통 불꽃이 없는 숯이나 장작불에 굽게 되는데 이때 고기가 익으면서 기름이 배어나와 아래로 방울방울 떨어져 불에 붙게 된다. 이 때 떨어진 기름 때문에 불꽃이 스스로 일어나게 된다.
기름이 떨어지면 불꽃이 스스로 일어나기 때문에 '스스로 그러하다'를 뜻하게 되었다.

狼 랑(狼) 자는 왼쪽의 견(犭) 자는 이리 한 마리를 상형한 글자이고 오른쪽의 양(良) 자는 '좋다, 어질다'를 뜻하기도 하지만 여기서는 이리의 대가리를 상형한 글자로 보는 것이 타당하다.

犬(犭) 개 견(犬) 자는 개의 모습을 상형한 글자이다. 견(犭) 자는 부수로 많이 사용한다.

다. 불의 발견과 수렵생활

 【huǒ (후∨오/어)】   (8급)
【불 화】 불, 열과 빛, 타는 불

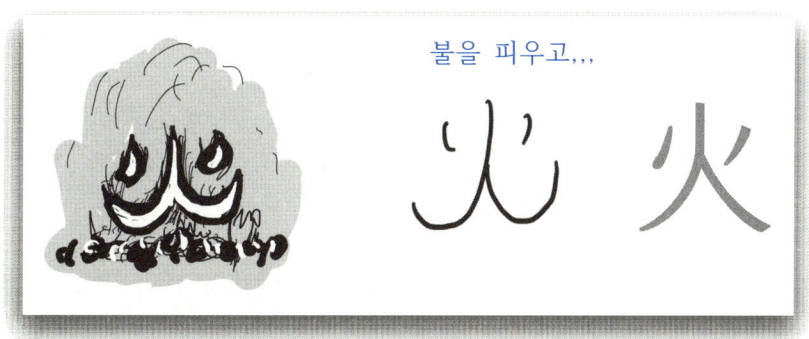

갑골문   火 전서   火 설문해자

[쓰기 순서]
火 : ′ ′′ ⺌ 火

[火 자가 들어간 단어]
火爐(화로) 火災(화재) 火山(화산)

灬 【火(화)와 동자(同字)】

[쓰기 순서]
灬 : ′ ⺀ ⺌ 灬

장면 기억 한자

 【rán (라/안)】 (7급)
【그럴/불탈 연】 그러하다, 상태를 나타내는 접미사

[쓰기 순서]

夕 : ノクタタ　　犬 : 一ナ大犬
灬 : ノ 丶 丶丶 灬

[然 자가 들어간 단어]

自然(자연) 當然(당연) 偶然(우연)

 【rán (라/안)】 (4급)
【탈 연】 타다

[쓰기 순서]

火 : 丶 ノ 丿 火　　夕 : ノクタタ
犬 : 一ナ大犬　　灬 : ノ 丶 丶丶 灬

[燃 자가 들어간 단어]

燃燒(연소)　燃料(연료)

다. 불의 발견과 수렵생활

 【láng (라ㅡ앙)】 (1급)
【이리 랑(낭)】 이리(늑대), 사납다, 거칠고 고약하다

狼狼 전서 狼 설문해자

[쓰기 순서]
犭 : ノ 犭 犭   良 : 丶 フ ラ ヨ 白 艮 良

[狼 자가 들어간 단어]
豺狼(시랑) 狼煙(낭연)

<승냥이의 다른 모양>

장면 기억 한자

 【quǎn (취ˇ엔)】　　　　　　　　　　　　　　　　(4급)
【개 견】 겸칭, 남을 멸시하는 말, 개

갑골문　금문　전서　설문해자

[쓰기 순서]　　　　　　　　　[犬 자가 들어간 단어]
犬 : 一ナ大犬　　　　　　　忠犬(충견) 犬馬(견마) 犬日(견일)

 【quǎn (취ˇ엔)】　　　　[쓰기 순서]
【큰 개 견】 개　　　　　　犭: ノ 犭 犭

다. 불의 발견과 수렵생활

숯불구이와 연관된 몇 글자 (3)

2) 油, 由, 炙, 久, 灸
(기름 유) (말미암을 유) (구울 자) (오랠 구) (뜸 구)

油 유(油) 자는 고기를 구울 때 떨어지는 기름방울에 의해 불꽃이 일어나는 모습을 상형한 글자이다. 여기서 수(氵) 자는 물이 아니라 떨어지고 있는 기름이다. 이 글자는 또한 등잔에 담긴 액체를 표현한 글자로도 볼 수 있다.

장면 기억 한자

由 유(由) 자는 불이 붙는 모양인데 불이 붙게 되는 것은 기름에 의해 불이 일어나는 것이므로 '말미암다'를 뜻하게 되었다. 여기서 유(由) 자를 꼬챙이에 꼬친 한 덩어리의 고기로 보아도 된다.

炙 구울 자(炙) 자는 고기를 굽고 있는 모습을 상형한 글자이다.

久 구(久) 자는 구운 고기가 기름이 빠져 다 익은 상태를 상형한 글자이다.

　이 글자가 '오래다'를 뜻하게 된 것은 고기가 익을 때까지 구우려면 시간이 오래 필요하기 때문이다. 이는 실제 시간이 오래 되었다기보다는 배고파서 고기를 굽는 마음이 더 오래된 것처럼 느끼게 되기 때문에 '오래다'를 뜻하게 된 것이라고도 할 수 있다.

灸 구(灸) 자는 측면으로 누운 사람의 다리에 뜸을 뜨고 있는 모습을 상형한 글자이다. 이 글자가 자(炙) 자와 혼동하기가 쉽다. 구(灸) 자에서 보이는 구(久) 자는 고기가 아니라 사람의 몸에 뜸을 뜨는 모습이다.

다. 불의 발견과 수렵생활

 【yóu (요/여╱우)】 (6급)
【기름 유】 유막, 윤기 나는 모양, 광택

설문해자

[쓰기 순서]
氵 : 丶 丶 氵   由 : 丨 冂 冃 冄 由

[油 자가 들어간 단어]
油價(유가) 揮發油(휘발유)

 【yóu (요/여╱우)】 (6급)
【말미암을 유】 말미암다, 길, 도리(道理), 까닭

전서

[쓰기 순서]
由 : 丨 冂 冃 冄 由

[由 자가 들어간 단어]
自由(자유) 理由(이유) 事由(사유)

장면 기억 한자

  【zhì (쯔ㅡ으)】 (1급)
【구울 자/구울 적】 굽다, 가까이하다

𤉷 전서 𤊽 𤉷 설문해자

[쓰기 순서] [炙 자가 들어간 단어]
夕 : ノ ク 夕 夕   火 : 丶 丶 ㇉ 火   炙色(적색) 薛炙(설적)

  【jiǔ (지ˇ우)】 (3급)
【오랠 구】 오래다

ㄟ 전서 ㄟ 설문해자

[쓰기 순서] [久 자가 들어간 단어]
久 : ノ ク 久   永久(영구) 久安(구안) 悠久(유구)

116

다. 불의 발견과 수렵생활

 【jiǔ (지ˇ우)】   (1급)
【뜸 구】 뜸, 뜸질하다, 버티다

灸 설문해자

[쓰기 순서]
久 : ′ ク 久   火 : ′ ′ ′ 火

[灸 자가 들어간 단어]
面灸(면구) 針灸(침구) 灸穴(구혈)

장면 기억 한자

숯불구와 연관된 몇 글자 (2)

3) 風(风), 吹, 炎, 熱(热), 赤
　(바람 풍) (불 취) (불꽃 염) (더울 열) (붉을 적)

風(风) 풍(風) 자는 무릎을 꿇고 앉아있는 여자의 머리카락이 바람에 의해 휘날리는 모습을 상형한 글자이다.

다. 불의 발견과 수렵생활

吹　취(吹) 자는 불을 피우기 위해 입으로 바람을 부는 모양을 상형한 글자이다. 구(口) 자는 바람을 불고 있는 입으로 볼 수도 있지만 여기서는 분 바람의 모양으로 보는 것이 더 타당하다.

炎　염(炎) 자는 활활 타오르는 큰 불꽃의 모양을 상형한 글자이다. 염(炎) 자는 불꽃의 속 불꽃심을 강조하며 그린 그림이다. 불에서 속 불꽃심의 온도가 가장 덥기 때문에 이 글자가 '불꽃, 더위 … '를 뜻하게 되었다.

热　열(热) 자는 한 사람의 한 손은 장작을 지피고 다른 한 손은 열기를 막으려고 손을 펼쳐들고 있는 모습을 상형한 글자이다.

熱　열(熱) 자는 한 사람이 불을 피우고 다른 한 사람은 아이를 목마 태우고 불 앞에 앉아있는 모습을 상형한 글자이다.
　이 글자를 보면 그냥 불을 쬐어도 더운데 아이를 목마까지 태웠으니 물러서기도 힘들어 더 더운 상황이라는 것을 알 수 있다.

赤　적(赤) 자는 불 앞에 앉아있는 사람이 타오르는 불에 의해 얼굴이 붉게 달아오른 모습을 상형한 글자이다.

【fēng (뻐ㅡ엉)】 (6급)
【바람 풍】 바람, 풍속, 습속, 경치

[쓰기 순서]
風 : 丿几凡凨凬風風風

[風 자가 들어간 단어]
颱風(태풍) 熱風열풍 風俗(풍속)

风 【fēng (뻐ㅡ엉)】
風(풍)의 속자(俗字). 風(풍)의 간체자(簡體字)

[쓰기 순서]
风 : 丿几凡风

다. 불의 발견과 수렵생활

 【chuī (ㅊㅜ-이)】 (3급)
【불 취】 불태우다, 퍼뜨리다, 불다, 바람

갑골문 금문 전서 설문해자

[쓰기 순서]
口 : ㅣ ㄇ 口   欠 : ノ ク 夕 欠

[吹 자가 들어간 단어]
鼓吹(고취) 吹樂器(취악기)

 【yán (이ˊ엔)】 (3급)
【불 꽃 염/아름다울 담】 불꽃, 타다, 더위

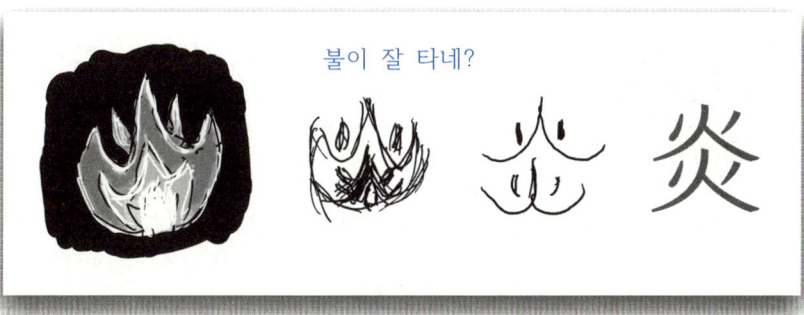

갑골문 금문 전서 설문해자

[쓰기 순서]
火 : ` ` ′ ㇏ 火   火 : ` ` ′ ㇏ 火

[炎 자가 들어간 단어]
肺炎(폐렴) 肝炎(간염)

장면 기억 한자

热 【rè (러ˋ어)】
热(열)의 속자(俗字)/간체자(簡體字)

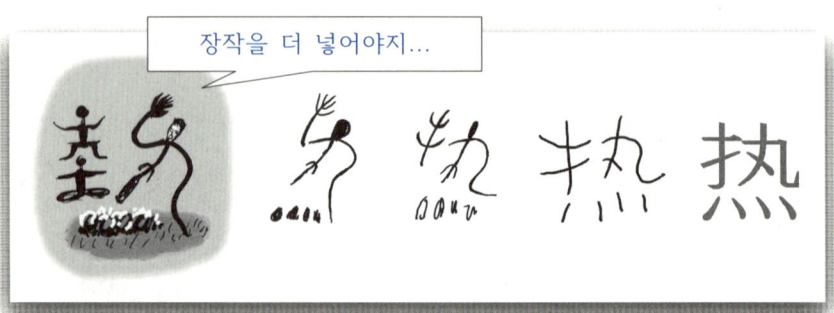

[쓰기 순서]
扌 : 一 十 扌   丸 : 丿 九 丸   灬 : 丶 丶 灬

熱 【rè (러ˋ어)】   (5급)
【더울 열】 덥다, 더위, 바쁘다, 열

𤇾 전서   𤋮 설문해자

[쓰기 순서]   [熱 자가 들어간 단어]
土 : 一 十 土   儿 : 丿 儿   熱帶(열대) 熱量(열량) 熱風(열풍)
土 : 一 十 土   丸 : 丿 九 丸
灬 : 丶 丶 灬

122

다. 불의 발견과 수렵생활

 【chì (ㅊㄟ으)】　　　　　　　　　　　　(5급)
【붉을 적】 붉다, 비다, 벌거벗다

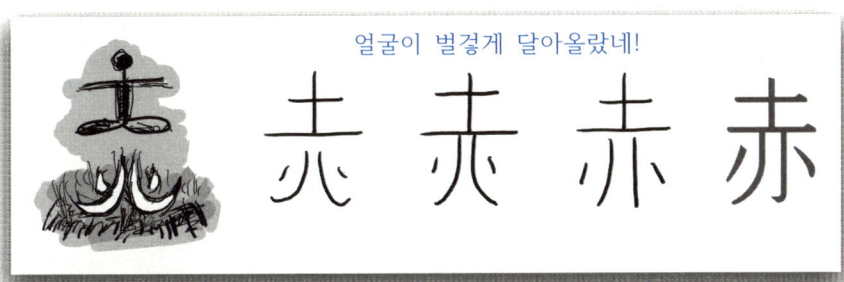

갑골문　금문　전서　설문해자

[쓰기 순서]
赤 : 一 十 土 ナ 方 赤 赤

[赤 자가 들어간 단어]
赤道(적도) 赤貧(적빈) 赤潮(적조)

나무를 깎아 도구로 만드는 것과 연관된 몇 글자

4) 刀(刂), 削, 尖, 肖, 消
(칼 도)　(깎을 삭)　(뾰족할 첨)　(닮음 초)　(사라질 소)

刀(刂) 도(刀) 자는 칼의 모양을 상형한 글자이다. 도(刀) 자는 가로로 보이는 칼의 모습이고, 도(刂) 자는 세로로 세워놓은 칼의 모습이다. 도(刂) 자는 부수로 많이 사용된다.

다. 불의 발견과 수렵생활

削 삭(削) 자는 나무를 칼로 뾰족하게 깎는 모습을 상형한 글자이다. 초(肖) 자에서 위에 보이는 '八' 자는 여덟을 뜻하는 글자가 아니고 깎아서 떨어진 부스러기다.

尖 첨(尖) 자는 칼로 꼬챙이를 깎는 것과 떨어지는 부스러기의 모습을 상형한 글자이다. 이 글자는 또한 화살과 뾰족한 화살의 촉을 상형한 글자이기도 한데 그러나 이 글자가 칼로 꼬챙이를 깎을 때 떨어지는 부스러기를 상형한 글자로 보는 것이 더 타당하다.

肖 초(肖) 자는 나무위에 사람의 모양을 조각하는 모습을 상형한 글자이다. 조각은 사람의 모습을 본뜨기 때문에 이 글자가 '닮다'를 뜻하게 되었다.

消 소(消) 자는 꼬챙이를 깎을 때 떨어지는 부스러기를 상형한 글자이다. 이 글자에서 수(水) 자와 팔(八) 자는 물과 여덟을 뜻하는 글자가 아니고 모두 떨어지는 부스러기로 보는 것이 타당하다. 부스러기가 떨어져 나가기 때문에 '사라지다'를 뜻하게 되었다.

장면 기억 한자

 【dāo (따ー오/우)】 (3급)
【칼 도】 칼

[쓰기 순서]   [刀 자가 들어간 단어]
刀 : 丁刀   長刀(장도) 短刀(단도) 面刀(면도)

 【xiāo (쌰ー오/우)】 (3급)
【깎을 삭/칼집 초】 깎다, 빼앗다

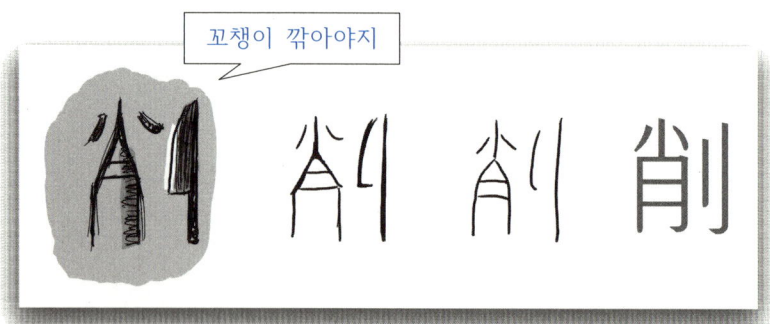

[쓰기 순서]   [削 자가 들어간 단어]
小 : 亅小小   月 : 丨冂月月   削髮(삭발) 削除(삭제)
刂 : 丨刂

다. 불의 발견과 수렵생활

 【jiān (찌ー엔)】 (3급)
【뾰족할 첨】 뾰족하다, 날카롭다, 작다

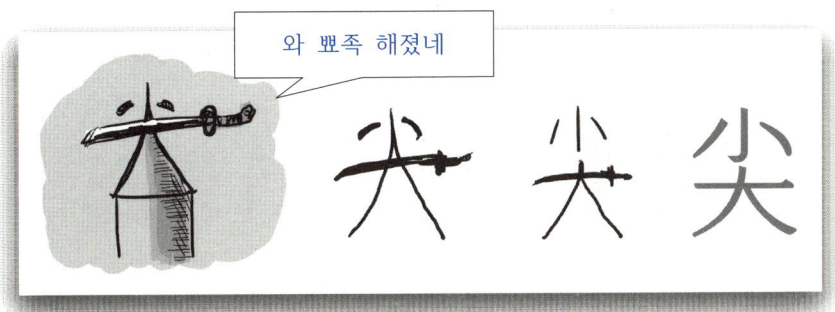

[쓰기 순서]　　　　　　　　　　　　　[尖 자가 들어간 단어]

小 : 亅小小　　大 : 一ナ大　　　尖端(첨단) 尖銳(첨예)

刂　【dāo (따ー오/우)】
　　刀(도)와 동자(同字)

[쓰기 순서]
刂 : 丨刂

장면 기억 한자

 【xiào (쌰\오/우)】 (3급)
【닮을/같을 초】 닮다, 모양이 같다, 본받다

[쓰기 순서]
小 : ㅣ 小 小   月 : ㅣ 冂 月 月

[肖 자가 들어간 단어]
肖像畵(초상화) 不肖(불초)

 【xiāo (쌰ー오/우)】 (6급)
【사라질 소】 사라지다, 삭이다, 녹이다

[쓰기 순서]
氵 : 丶 丶 氵   小 : ㅣ 小 小
月 : ㅣ 冂 月 月

[消 자가 들어간 단어]
消息(소식) 解消(해소) 消費(소비)

128

다. 불의 발견과 수렵생활

사냥감과 관련된 몇 글자
5) 虎, 兎, 象, 敢, 虍
   (범 호) (토끼 토) (코끼리 상) (감히 감) (호피 무늬 호)

虎 호(虎) 자는 등 뒤에서 본 호랑이의 모습을 상형한 글자이다.

장면 기억 한자

兎 토(兎) 자는 토끼의 모양을 상형한 글자이다.

象 상(象) 자는 코끼리의 모양을 상형한 글자이다.

敢 감(敢) 자는 자고 있는 호랑이를 때리거나 찌르는 모습을 상형한 글자이다. 감히 호랑이를 때린다는 것은 정말로 간이 붙지 않고서는 상상할 수도 없는 노릇이다. 그래서 이런 행위를 하는 사람의 행동을 '감히 하다'를 뜻하게 되었다.

虍 호(虍) 자는 옆에서 보는 호랑이의 머리를 상형한 글자이다.

다. 불의 발견과 수렵생활

 【hǔ (후∨우)】 (3급)
【범 호】 범, 호랑이, 용맹스럽다

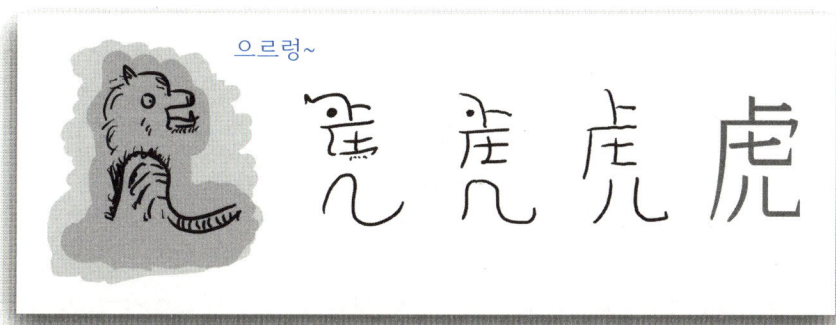

갑골문 금문 전서 설문해자

[쓰기 순서]   [虎 자가 들어간 단어]
虎 : 丨 ㄏ ㅏ 卢 卢 虎   儿 : 丿 儿   虎斑(호반) 猛虎(맹호) 白虎(백호)

 【hǔ (후∨우)】
중국식 간체자(簡體字)

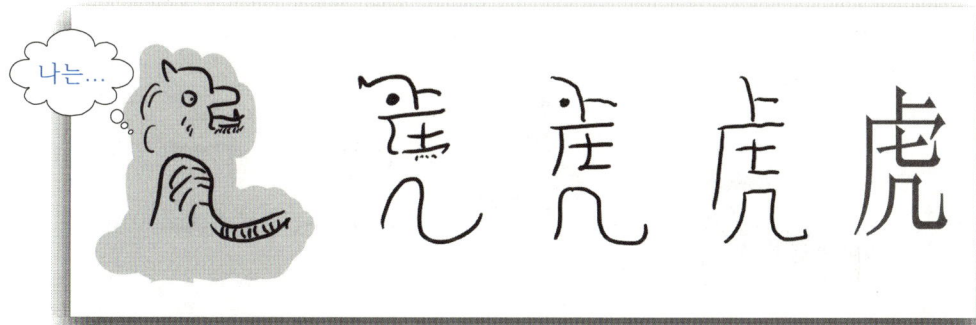

[쓰기 순서]
虎 : 丨 ㄏ ㅏ 卢 卢 虎   几 : 丿 几

장면 기억 한자

【tù (뚜ˋ우)】
【토끼 토】 토끼

(특급)

갑골문 전서 설문해자

[쓰기 순서]
兎 : 一 ㄏ 厂 ㄏ 百 丐 丐 兎 兎

[兎 자가 들어간 단어]
山兎(산토) 兎山高(토산고)

【tù (뚜ˋ우)】
중국식 간체자(簡體字)

[쓰기 순서]
兔 : ノ ㄏ ㄏ ㄏ 色 色 兔   ﹅ : ﹅

다. 불의 발견과 수렵생활

 【xiàng (씨ㅡ앙)】 (4급)
【코끼리 상】 코끼리

갑골문 금문 전서 설문해자

[쓰기 순서]
夕 : ノ 夕
田 : 丨 冂 冂 田
豕 : ´ 丆 丂 彑 豸 豕

[象 자가 들어간 단어]
大象(대상) 抽象的(추상적)

象 【xiàng (씨ㅡ앙)】
중국식 간체자(簡體字)

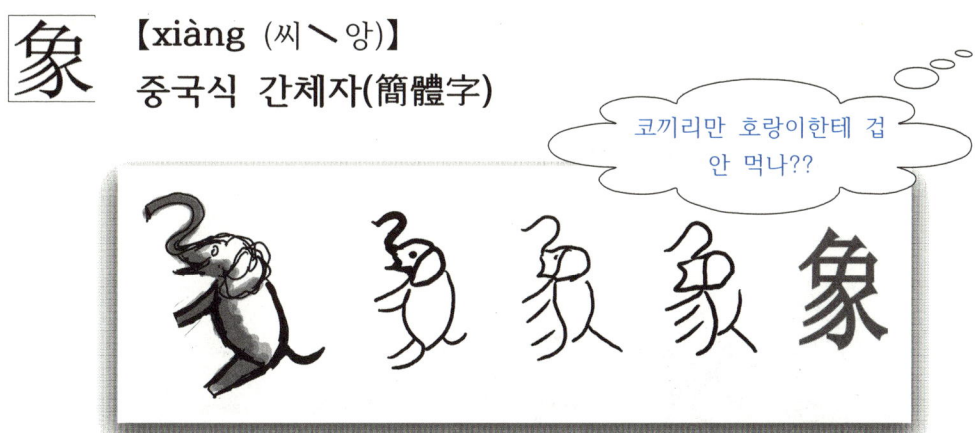

[쓰기 순서]
夕 : ノ 夕   田 : 丨 冂 冂 田   豕 : ´ 丆 丂 彑 豸 豕

장면 기억 한자

 【gǎn (가ˇ안)】 (4급)
【감히/구태여 감】 함부로, 감히 하다, 굳세다, 결단성

금문 전서 설문해자

[쓰기 순서]

耳 : 一 T F F 王 耳 耳

攵 : ノ ㇒ ケ 攵

[敢 자가 들어간 단어]

勇敢(용감) 敢行(감행)

敢 【gǎn (가ˇ안)】
중국식 간체자(簡體字)

[쓰기 순서]

フ : フ   耳 : 一 T F F 王 耳   攵 : ノ ㇒ ケ 攵

134

다. 불의 발견과 수렵생활

 【hū (후ー우)】
【호피 무늬 호】 호피(虎皮)의 무늬, 한자 부수의 하나

[쓰기 순서]
虎 : 丨 ㅏ ㅑ 产 卢 虎

| 장면 기억 한자

돌로 도구로 만드는 것과 연관된 몇 글자

6) 作, 石, 乍, 炸
(지을 작) (돌 석) (잠깐 사) (터질 작)

作 작(作) 자는 돌을 깨서 도구(석기)를 만드는 사람의 모습을 상형한 글자이다. 석기시대는 자연에서 나온 돌을 사용하기가 한계가 있어 돌을 깨서 도구로 만들기도 하였다.

다. 불의 발견과 수렵생활

石 석(石) 자는 산에서 굴어 떨어진 돌이나 언덕에 박혀있는 돌의 모양을 상형한 글자이다.

乍 사(乍) 자는 돌이 굴러 떨어져서 박살나는 모양을 상형한 글자이다.

炸 작(炸) 자는 왼 쪽의 화(火) 자는 갈라져서 깨어진 돌의 부스러기의 모양이거나 돌을 달군 불의 모양을 상형한 글자이다. 돌이 불에 오랫동안 달구면 파열한다.

【zuò (쭈ㅡ오/어)】   (6급)
【지을 작/만들 주】 만들다, 창작(創作)하다,
노동(勞動)하다, 일하다, 짓다

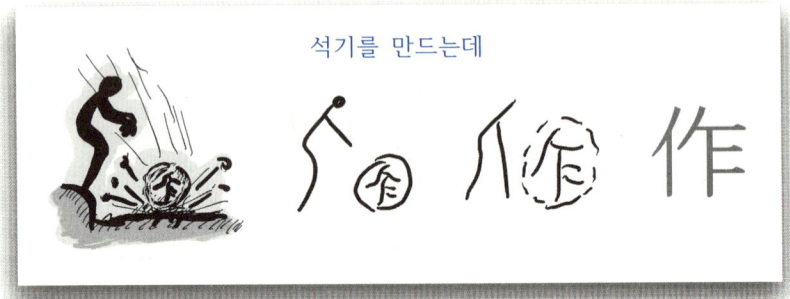

갑골문 금문 전서 설문해자

[쓰기 순서]   [作 자가 들어간 단어]
亻: ノ 亻   乍: ノ 一 亻 乍 乍   始作(시작) 作亂(작란)

 【shí (스ㅡ/으)】, 【dàn (따ㅡ안)】   (6급)
【돌 석】 돌, 숫돌

갑골문 금문 전서 설문해자

[쓰기 순서]   [石 자가 들어간 단어]
石: 一 ア 厂 石 石   大理石(대리석) 石炭(석탄)

138

다. 불의 발견과 수렵생활

【zhà (짜ㅡ아)】 (특급)
【잠깐 사/일어날 작】 잠깐, 잠시(暫時), 언뜻, 별안간

[쓰기 순서]
乍 : ノ 亠 仁 乍 乍

[乍 자가 들어간 단어]
乍晴(사청) 猝乍間(졸사간)

【zhà (짜ㅡ아)】, 【zhá (자ㅡ아)】 (1급)
【터질 작/튀길 찰】 터지다, 폭발하다, 튀기다

[쓰기 순서]
火 : ノ ㇇ ㇒ 火   乍 : ノ 亠 仁 乍 乍

[炸 자가 들어간 단어]
炸藥(작약) 炸發(작발)

장면 기억 한자

돌을 도구로 삼아 사용하는 상황과 연관된 몇 글자

7) 父, 爸, 爺(爷)
(아비 부)　(아비 파)　(아비 야)

父 부(父) 자는 아버지나 우두머리가 주먹도끼를 들고 있는 모습을 상형한 글자이다. 아주 오랜 옛날 석기시대로 거슬러 올라가면 짐승을 사냥하거나, 사냥한 짐승의 고기를 자르는데 있어서 주먹도끼 보다 더 강하고 확실한 도구가 없었다. 그래서 주먹도끼가 최강을 뜻하는 의미를 가지게 되었다.

다. 불의 발견과 수렵생활

　아버지라는 것은 자신의 아버지라는 뜻도 있지만 또한 초기에는 부족의 우두머리를 뜻하는 글자로 사용되기도 하였다.

爸　파(爸) 자는 아버지 앞에 꿇어앉아 절대적으로 복종하는 아들이나 부족원들의 모습을 상형한 글자이다.

爺　야(爺) 자는 권력과 힘이 있는 아버지나 늙으신 분(할아버지) 및 부족의 우두머리한테 절대적으로 복종하는 사람이 두 귀로 말씀을 잘 듣고 있는 모습을 상형한 글자이다.

爷　야(爷) 자는 한 사람이 권력과 힘이 있는 아버지나 늙으신 분(할아버지) 및 부족의 우두머리 앞에서 머리를 숙여 말을 고분고분 잘 듣고 있는 모습을 상형한 글자이다.

장면 기억 한자

 【fù (푸ㄟ우)】   (8급)
【아버지/아비 부/자 보】 아버지, 아비, 아빠

[쓰기 순서]
父 : ノ ハ グ 父

[父 자가 들어간 단어]
父親(부친) 父母(부모) 父子(부자)

 【yé (예ㄱ에)】
爺(야)의 속자(俗字)/간체자(簡體字)

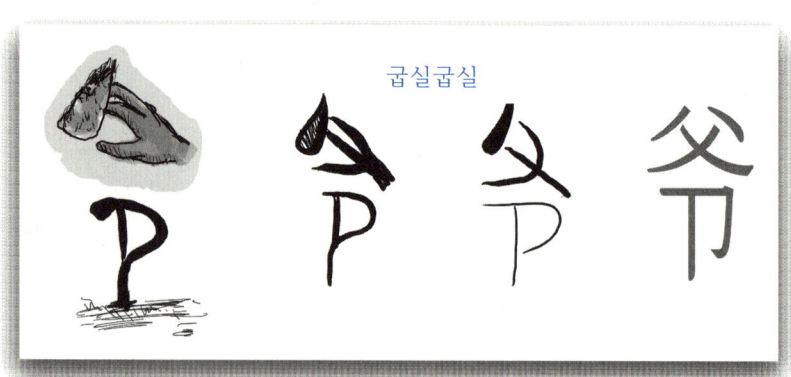

[쓰기 순서]
父 : ノ ハ グ 父   卩 : 丁 卩

다. 불의 발견과 수렵생활

【bà (빠ˋ아)】
【아버지/아비 파】 아버지, 아비, 아빠

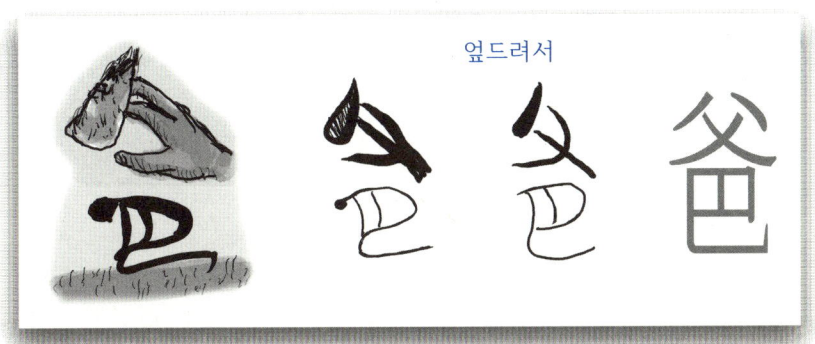
엎드려서

[쓰기 순서]
父 : ′ ′′ ⺈ 父   巴 : ㄱ ㄲ ㄲ 巴

爺 【yé (예ˊ에)】   (1급)
【아버지/아비 야】 아버지, 늙으신네, 남자의 존칭

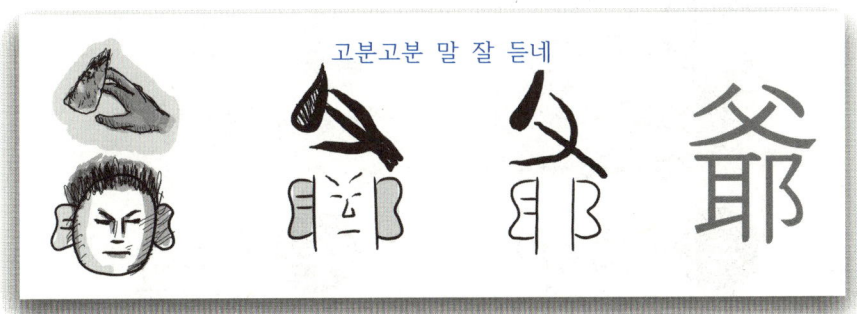
고분고분 말 잘 듣네

[쓰기 순서]
父 : ′ ′′ ⺈ 父   耳 : ㄧ ㄓ ㄐ ㅌ 耳   阝 : ㇌ 阝

[爺 자가 들어간 단어]
爺孃(야양) 爺爺(야야)

143

장면 기억 한자

사냥하거나 채집한 물건을 골고루 나누는 것과 연관된 몇 글자

8) 辛, 何, 均, 勻
(매울 신) (어찌 하) (고를 균) (고를 균)

辛 신(辛) 자는 고추의 과육을 벗겨낸 속대의 모양을 상형한 글자이다. 고추에서 가장 매운 부분은 과육을 벗겨낸 속대이다. 그래서 '맵다'를 뜻하게 되었다.

144

다. 불의 발견과 수렵생활

　신(辛) 자는 또한 짐승의 고기를 가르는 칼(깬 석기와 간석기, 그리고 청동 검)의 모양을 상형한 글자이기도 하다.

何　하(何) 자는 두 사람이 가운데 놓인 고깃덩이(물론 기타 물건 일 수도 있음)를 놓고 어떻게 똑같게 나눌 것인지를 고민하고 있는 모습을 상형한 글자이다.

　위와 같은 경우에 어떻게 나누어도 똑같게 나눌 수가 없다. 이것은 어떻게든 고기를 나누어서 상대방에게 주어도 상대방은 항시 자기가 받는 몫이 적다고 생각하기 때문이다.

均　균(均) 자는 한 사람은 고깃덩어리를 평균적으로 갈라놓고 다른 한 사람은 선택하고 있는 모습을 상형한 글자이다.
　초기에 고깃덩이를 어떻게 나눌지 몰랐는데 나중에 나온 방법이 그 중 한 사람은 고기를 갈라놓고 다른 한 사람은 갈라놓은 고기를 먼저 선택하게 하는 것이다.
　이때 나누는 사람이 만약에 고기를 똑같게 나누지 않았다면 선택한 사람이 먼저 큰 덩어리를 가지게 됨으로 고기를 나누는 사람이 고기를 똑같게 나누려 할 수밖에 없다.

勻　균(勻) 자는 평균으로 갈라놓은 고기를 보고 있는 모습을 상형한 글자이다. 이 글자는 또한 균(均) 자의 약자로도 볼 수 있다.

장면 기억 한자

【xīn (씨ㅡ인)】　　　　　　　　　　　　　　　　　　(3급)
【매울 신】맵다, 독(毒)하다

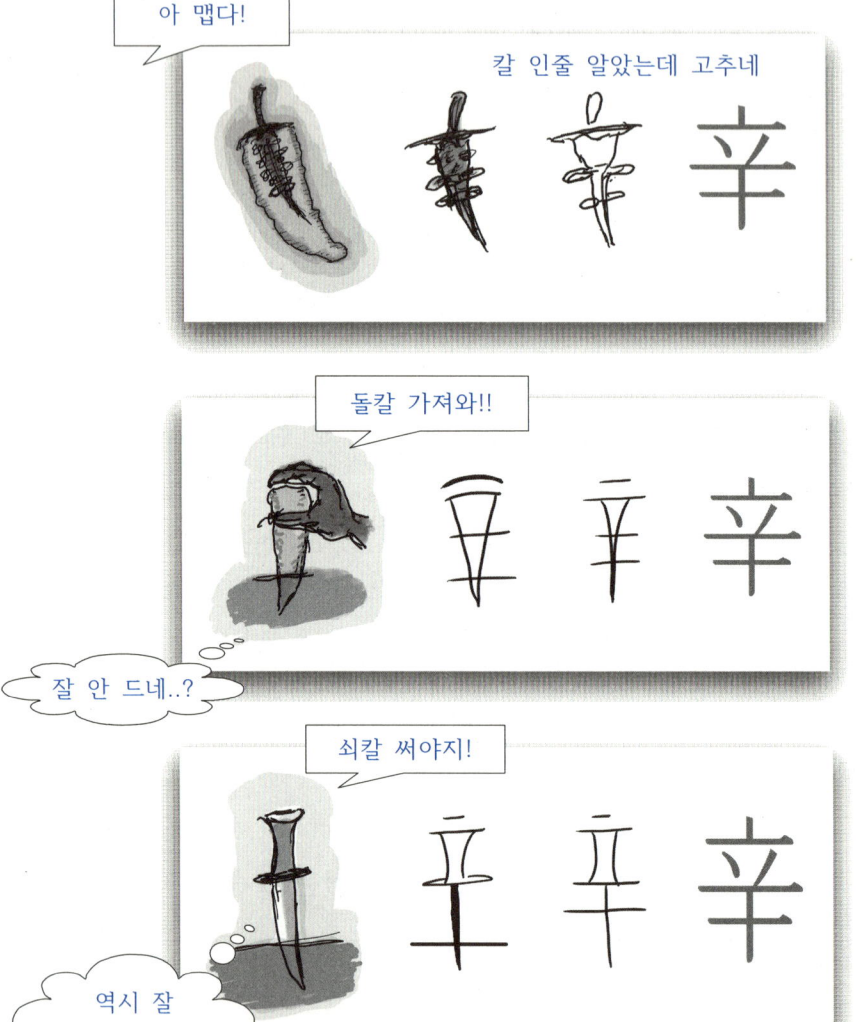

쓰 갑골문　쓰 금문　쓰 전서　辛 설문해자

[쓰기 순서]
辛 : ` 亠 立 产 立 辛

[辛 자가 들어간 단어]
艱辛(간신) 辛苦(신고) 辛辣(신랄)

다. 불의 발견과 수렵생활

 【hé (허⁄어)】 (3급)
【어찌 하】 어느, 어떠한, 무엇, 왜냐하면, 언제

갑골문 금문 전서 설문해자

[쓰기 순서]　　　　　　　　　　[何 자가 들어간 단어]
亻 : ノ 亻　可 : 一 丁 冂 口 可　　何事(하사) 何如(하여) 何人(하인)

 【jūn (쮜―윈)】 (4급)
【고를 균】 평평하다, 비교하다

금문 전서 설문해자

[쓰기 순서]　　　　　　　　　　[均 자가 들어간 단어]
土 : 一 十 土　　ク : ノ ク　　　均衡(균형) 平均(평균) 均等(균등)
二 : 一 二

147

장면 기억 한자

 【yún (위ㅡ인)】　　　　　　　　　　　　　　　(특급)
【고를 균】 고르다, 같다, 균형이 잡히다

[쓰기 순서]
ク : ´ ク　　二 : ˉ 二

[勻 자가 들어간 단어]
勻旨(균지) 勻體(균체) 勻敎(균교)

라. 동굴 주거 생활

1) 山, 谷, 丘, 仙, 俗
2) 洞, 穴, 探, 空
3) 原, 源, 泉, 水(氵)
4) 流, 充, 荒, 亡
5) 平, 法, 公
6) 昔, 冰(冫, 氷), 冬
7) 凍(冻), 冷, 令, 命

라. 동굴 주거 생활

산과 연관된 몇 글자 (1)

1) 山, 谷, 丘, 仙, 俗
(뫼 산) (골 곡) (언덕 구) (신선 선) (풍속 속)

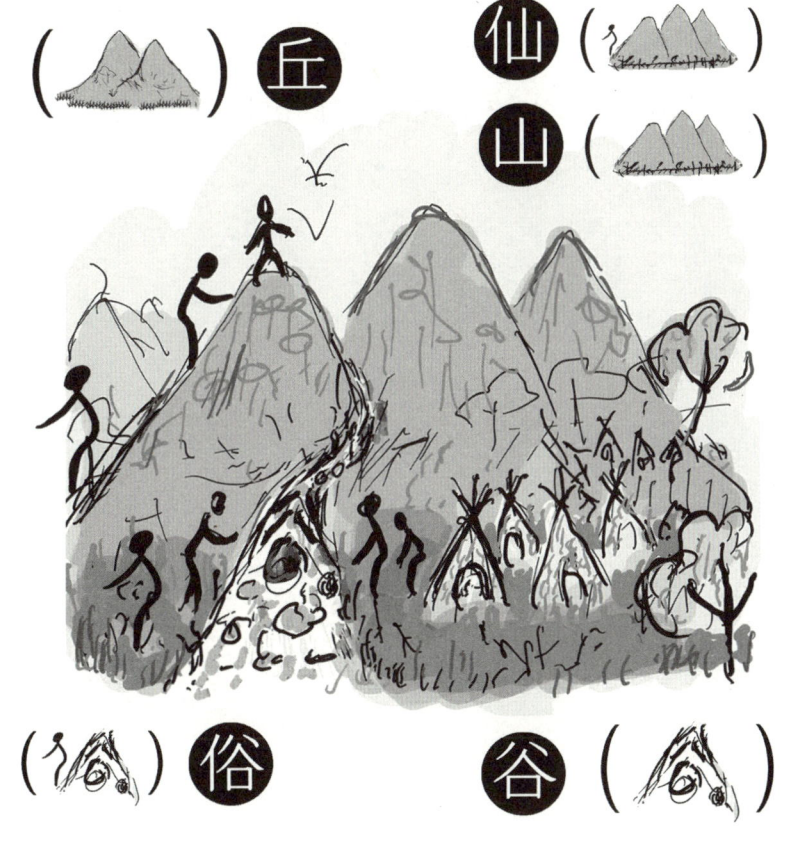

山 　산(山) 자는 산의 모양을 상형한 글자이다.

장면 기억 한자

谷　곡(谷) 자는 깊은 골짜기에서 바위를 돌아 흐르는 물의 모양을 상형한 글자이다.

丘　구(丘) 자는 언덕의 모양을 상형한 글자이다.

仙　선(仙) 자는 본래 산 위에서 사는 사람의 모습을 상형한 글자이다. 이 글자가 나중에 신선을 뜻하는 글자가 되었다.

俗　속(俗) 자는 본래 골짜기에서 사는 사람들의 모습을 상형한 글자이다. 이 글자가 나중에 골짜기에서 살아가는 사람들의 생활 모습을 뜻하는 글자로 되었다.

라. 동굴 주거 생활

 【shān (싸ー안)】 (8급)
【뫼 산】 무덤, 분묘, 임금의 상

태산이 높다 하되
하늘 아래 뫼이로다

 갑골문 금문 전서 설문해자

[쓰기 순서]
山 : ㅣ 山 山

[山 자가 들어간 단어]
山脈(산맥) 山中(산중) 山川(산천)

 【gǔ (구∨우)】 (3급)
【곡식/골 곡】 곡식, 골짜기, 깊은 굴

계곡이 깊다하되
땅위의 물이로다

 갑골문 금문 전서 설문해자

[쓰기 순서]
谷 : ′ ′′ ⺈ ⺈ 父 父 谷 谷

[谷 자가 들어간 단어]
谷風(곡풍) 谷王(곡왕) 谷地(곡지)

장면 기억 한자

 【qiū (쳐ー우)】　　　　　　　　　　　　　　　　(3급)
【언덕 구】 구릉, 무덤, 마을

[쓰기 순서]　　　　　　　　　　[丘 자가 들어간 단어]
斤 : ˊ 丆 斤 斤　　ー : 一　　　丘陵(구릉) 丘墓(구묘) 丘阜(구부)

 【xiān (씨ー엔)】　　　　　　　　　　　　　　　(5급)
【신선 선】 선교, 신선이 되다, 신선

[쓰기 순서]　　　　　　　　　　[仙 자가 들어간 단어]
亻 : ノ 亻　　山 : 丨 山 山　　仙境(선경) 仙界(선계) 仙人(선인)

라. 동굴 주거 생활

 【sú (수╱우)】 (4급)
【풍속 속】 관습, 속인, 평범하다, 비속하다

골짜기에 사는 사람 모습

㣔 금문　俗 전서　偷 설문해자

[쓰기 순서]
亻: ノ 亻　谷 : ノ 八 ㄑ 父 公 谷 谷

[俗 자가 들어간 단어]
風俗(풍속) 俗人(속인) 俗說(속설)

장면 기억 한자

동굴 주거생활과 연관된 몇 글자
2) 洞, 穴, 探, 空
(골 동) (구멍 혈/굴 휼) (찾을 탐) (빌 공)

洞　동(洞) 자는 산의 동굴모양을 상형한 글자이다.

　먼 옛날 초기에 사람들은 산 위의 동굴에서 생활하였다. 그래서 굴 동(洞) 자는 산 위에 있는 굴의 모습을 상형한 글자로 되었다.

라. 동굴 주거 생활

　나중에 도를 닦는 사람들도 굴에서 살았는데, 이때 굴 위에다 누구의 어떤 굴(=洞)인지를 지금의 간판과 같은 역할을 하는 표지판 모양으로 표시하였다. 굴 위에서 보이는 일(一)자는 바로 그런 표식이다.

　동(洞) 자는 처음에는 동굴을 뜻하는 글자로 사용하였었는데 나중에 사람들이 산 아래로 내려와서 집을 짓고 마을을 이루고 살면서 '마을'을 뜻하는 글자로도 되었다.

穴　혈(穴) 자는 구멍이거나 굴의 모양을 상형한 글자이다.

探　탐(探) 자는 깊고 어두운 동굴을 횃불 없이 들어갈 때 넘어지지 않도록 하거나 방어용으로 나무막대기를 짚어가면서 천천히 굴속으로 찾아 들어가는 모습을 상형한 글자이다.

空　공(空) 자는 관 또는 대나무 통의 모양을 상형한 글자이다. 뻥 뚫린 관 또는 대나무 통은 빛 반사 때문에 관의 아래가 공(工) 자처럼 되었다.

장면 기억 한자

 【dòng (또ˋ옹, 뚜ˋ웅)】 (7급)
【골 동/밝을 통】 골, 골짜기, 고을, 마을, 동네, 굴

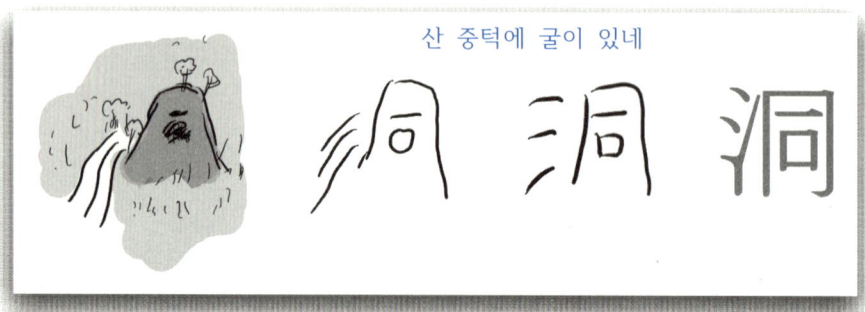

전서 설문해자

[쓰기 순서]
氵: ㆍㆍ氵　冂: ㅣ冂
洞: 一 ㄏ 冋 冋 洞

[洞 자가 들어간 단어]
洞窟(동굴)　洞口(동구)　洞窟(동굴)

 【xué (쉬ˊ에)】 (3급)
【구멍 혈/굴 휼】 구덩이, 움집, 무덤, 혈

전서 설문해자

[쓰기 순서]
穴: ㆍㆍ宀 宀 穴

[穴 자가 들어간 단어]
穴見(혈견)　穴居(혈거)　穴農(혈농)

라. 동굴 주거 생활

 【tàn (따ヽ안)】 (4급)
【찾을 탐】 염탐하다, 구명하다, 잡다, 유람하다

[쓰기 순서]
扌 : 一 十 扌　 宀 : ⼂ ⼂ ⼂
儿 : ノ 儿　 木 : 一 十 才 木

[探 자가 들어간 단어]
探究(탐구) 探査(탐사) 探索(탐색)

 【kōng (쿠ー옹)】 (7급)
【빌 공】 없다, 헛되다, 공허하다, 공간, 하늘

[쓰기 순서]
宀 : ⼂ ⼂ 宀　 儿 : ノ 儿
工 : 一 丁 工

[空 자가 들어간 단어]
空中(공중) 空簡(공간)

장면 기억 한자

산과 연관된 몇 글자 (2)
3) 原, 源, 泉, 水(氵)
(언덕/근원 원) (근원 원) (샘 천) (물 수)

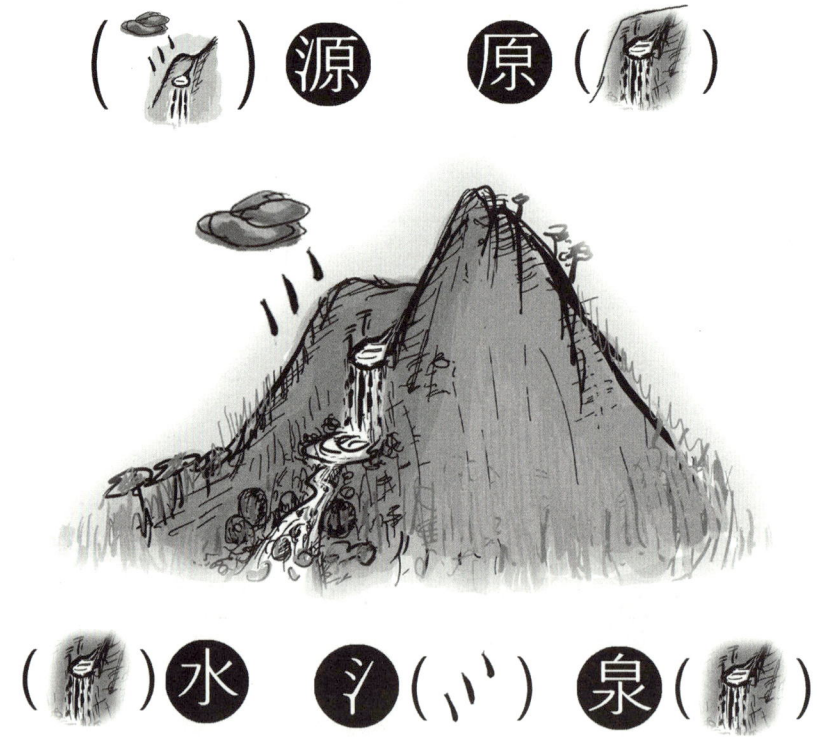

原 원(原) 자는 언덕에서 샘을 이룬 물이 넘쳐서 아래로 계속 흘러내리는 모습을 상형한 글자이다.

라. 동굴 주거 생활

源 원(源) 자는 언덕에서 비오는 날이거나 바위와 같은 곳에서 물방울이 모여 조금씩 흘러내려 샘을 이룬 물이 넘쳐서 아래로 계속 흘러내리는 모습을 상형한 글자이다.

泉 천(泉) 자는 산에서 솟아나온 물이 흘러내려 샘을 이루고 다시 넘쳐서 흘러내리는 모습을 상형한 글자이다.

水(氵) 수(水, 氵) 자는 샘에서 흘러내리는 물의 모양을 상형한 글자이다.

여기서 수(氵) 자는 흐르는 물을 간략화한 글자이거나 또는 바위와 같은 곳에서 물방울이 모여 조금씩 흘러내리는 모습을 상형한 글자이다. 수(氵) 자는 부수로 많이 사용한다.

장면 기억 한자

  【yuán (위/안/엔)】　　　　　　　　　　　　　　　　(5급)
　　　【언덕/근원 원】 언덕, 근원, 근본

[쓰기 순서]　　　　　　　　　　　　　　　[原 자가 들어간 단어]
厂 : 一 厂　　白 : ′ 亻 冂 白 白　　　　草原(초원) 原因(원인) 原人(원인)
小 : 亅 小 小

源　【yuán (위/안/엔)】　　　　　　　　　　　　　　　　(4급)
　　【근원 원】 근원

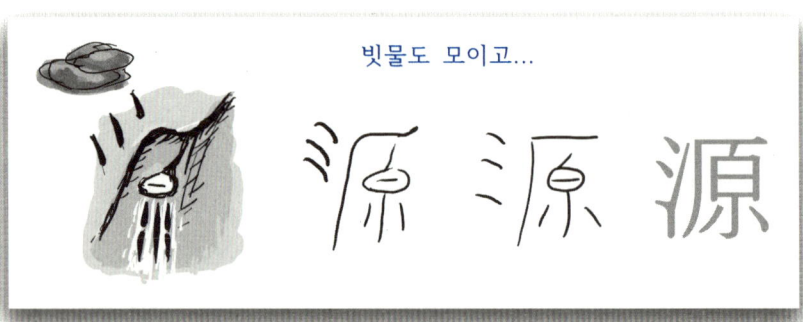

[쓰기 순서]　　　　　　　　　　　　　　　[源 자가 들어간 단어]
氵 : ′ ` ` 氵　　厂 : 一 厂　　　　　　根源(근원) 源泉(원천) 源流(원류)
白 : ′ 亻 冂 白 白　　小 : 亅 小 小

라. 동굴 주거 생활

 【quán (취╱엔)】　　　　　　　　　　　　　　(4급)
　　　　【샘 천】샘

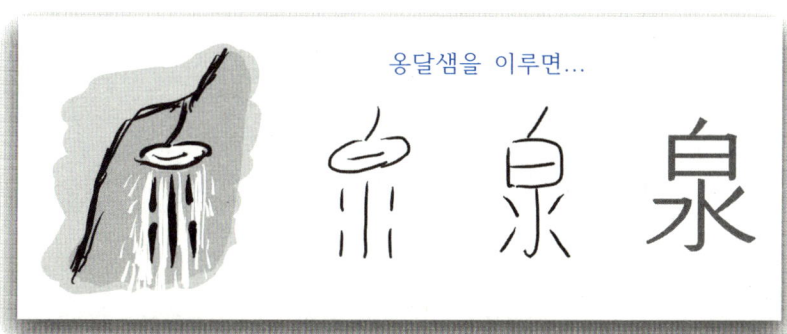

옹달샘을 이루면...

갑골문　　전서　　설문해자

[쓰기 순서]
白 : ´ 亻 冂 白 白　　水 : 亅 刁 氺 水

[泉 자가 들어간 단어]
泉臺(천대) 泉水(천수) 泉源(천원)

 【shuǐ (주∨이)】　　　　　　　　　　　　　　(8급)
　　　　【물 수】물

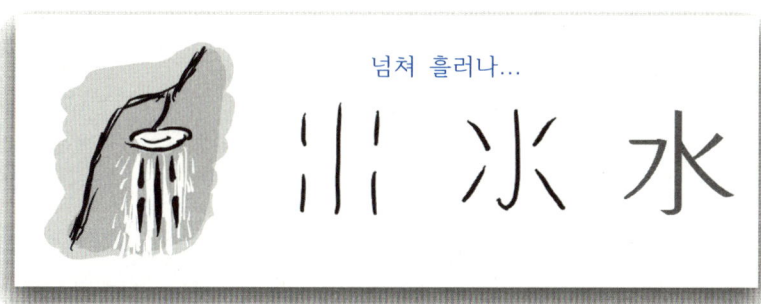

넘쳐 흘러나...

갑골문　　금문　　전서　　설문해자

[쓰기 순서]
水 : 亅 刁 氺 水

[水 자가 들어간 단어]
水質(수질) 生水(생수)

장면 기억 한자

 【물 수】 물

[쓰기 순서]

라. 동굴 주거 생활

산과 연관된 몇 글자 (3)

4) 流, 㐬, 荒, 亡
(푸를 류/유) (깃발 류/유) (거칠 황) (망할 망)

流 유(流) 자는 비오는 날이거나 바위와 같은 곳에서 물방울이 모여 조금씩 흘러내려 모인 물이 넘치며 계속 흘러가는 모습을 상형한 글자이다. 류(㐬) 자는 깃발이나 면류관에 수술이 달려있는 모습을 상형한 글자인데 여기서는 물이 한 곳에 흘러 모였다가 넘쳐서 계속 흘러내리는 모양으로 보는 것이 더 타당하다.

165

充 　류(充) 자는 깃발이나 면류관에 수술이 달려있는 모습을 상형한 글자이다.

荒 　황(荒) 자는 물을 모아둔 방죽이 터져서 홍수가 난 모습을 상형한 글자이다. 여기서 초(艹) 자는 터진 방죽위에 남아있는 풀이거나 나무이다.

亡 　망(亡) 자는 흘러내려 모인 물을 가두는 방죽이 터져서 물이 다 빠져나가고 비어있는 모습을 상형한 글자이다.

라. 동굴 주거 생활

流 【liú (리/우)】 (5급)
【흐를 류(유)】 흐르다, 떠돌다, 갈래, 계층

[쓰기 순서]   [流 자가 들어간 단어]
氵:丶丶氵 亠:丶一亠 厶:乚厶   交流(교류) 漂流(표류)
儿:丿丿儿

㐬 【liú (리/우)】
【깃발 류(유)/거칠 황】 깃발(旗-), 면류관(冕旒冠) 끈

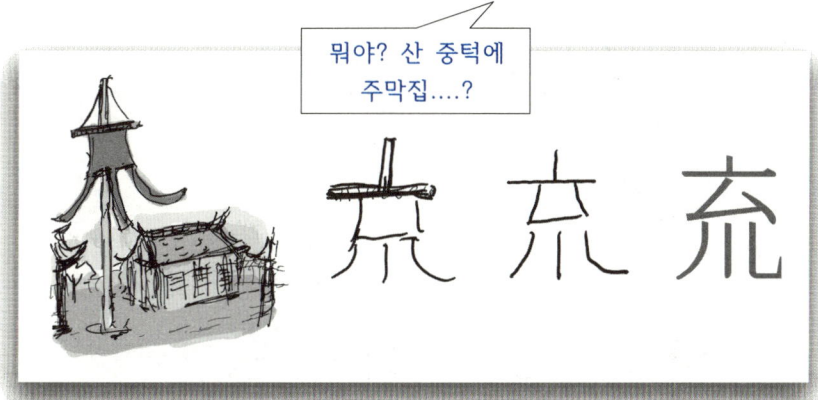

[쓰기 순서]
亠:丶一亠 厶:乚厶 儿:丿丿儿

장면 기억 한자

 【huāng (ㄏㄨㄤ—앙)】　　　　　　　　　　　　　　(3급)
【거칠 황】 거칠다, 흉년(凶年) 들다, 덮다, 버리다

금문　전서　설문해자

[쓰기 순서]
艹 : 一 十 艹　　亡 : 丶 亠 亡
儿 : ノ 几 儿

[荒 자가 들어간 단어]
荒廢(황폐) 荒唐(황당)

亡 【wáng (ㄨㄤ/ㄨㄤˊ—앙)】　　　　　　　　　　　　(5급)
【망할 망】 망하다

갑골문　금문　전서　설문해자

[쓰기 순서]
亡 : 丶 亠 亡

[亡 자가 들어간 단어]
死亡(사망) 逃亡(도망) 滅亡(멸망)

라. 동굴 주거 생활

산과 연관된 몇 글자 (4)
5) 平, 法, 公
(평평할 평) (법 법) (공평할 공)

平　평(平) 자는 평평하게 고인 물이 넘쳐 흘러내리는 모습을 상형한 글자이다. 고인 물의 수면은 평평하기 때문에 이 글자가 '평평하다'를 뜻하게 되었다.

장면 기억 한자

法 법(法) 자는 흘러내려 모인 못에서 수면의 평평한 모양을 상형한 글자이다. 법(法)은 언제나 누구에게도 평평한 수면처럼 공평해야 한다는 뜻으로 수면의 평평한 모양으로 법(法)을 뜻하게 되었다.

公 공(公) 자는 작은 못이나 웅덩이에 흘러내린 물이 높고 낮은 데가 없이 평평하게 고이는 모습을 상형한 글자이다.

라. 동굴 주거 생활

【píng (피／잉)】 (7급)
【평평할 평/다스릴 편】 평평하다, 화평하다, 고르다

고인물이 제일 평평하지

𢆉 금문　𠀒 전서　亐 설문해자

[쓰기 순서]
平 : 一 ㄒ ㄭ 乊 平

[平 자가 들어간 단어]
平凡(평범) 平均(평균) 平和(평화)

【fǎ (파∨아)】 (5급)
【법 법】 법(法), 방법(方法), 불교의 진리(眞理), 모형

그리고 평평한 수면처럼..
공평한 것이 법이지

灋 法 佱 설문해자

[쓰기 순서]
氵: 丶 丶 氵　土 : 一 十 土
厶 : ㄥ 厶

[法 자가 들어간 단어]
法律(법률) 方法(방법)

장면 기억 한자

 【gōng (꼬―옹, 꾸―웅)】 (6급)
【공평할 공】 공평(公平)하다, 상대를 높이는 말, 벼슬

[쓰기 순서]
八 : ノ 八   厶 : ㄥ 厶

[公 자가 들어간 단어]
公平(공평) 公正(공정) 公開(공개)

라. 동굴 주거 생활

얼음 연관된 몇 글자
6) 昔, 冰(冫, 氷), 冬
(예 석)　　(얼음 빙)　　(겨울 동)

昔 석(昔) 자는 추운 겨울에 얼어붙은 강에서 얼음구멍을 내고 그 주변에 수북하게 얼음조각더미를 쌓여놓은 모습을 상형한 글자이다. 이 글자에서 위 부분 자체도 물에 둥둥 떠 있는 얼음으로 볼 수도 있다.

冰(冫, 氷) 빙(冰, 冫, 氷) 자는 추운 겨울에 얼어붙은 강에서 얼음구멍을 내면 밑으로는 물이 흐르고 수면위에는 얼음조각이 둥둥 떠 있는 모습을 상형한 글자이다. 이 글자는 또한 얼음이 녹아 강물에 둥둥 떠다니며 흘러가는 모습을 상형한 글자이기도 한다.

冬 동(冬) 자는 얼음 위에서 옆걸음 하며 조심스럽게 걸어가고 있는 모습이거나 옆으로 미끄러지며 얼음을 지치는 모습을 상형한 글자이다.

라. 동굴 주거 생활

 【xī (씨ㅡ이)】　　　　　　　　　　　　　　　　(3급)
【예 석/섞을 착】 예, 옛날, 접때, 저녁, 오래다

갑골문　　금문　　전서　　설문해자

[쓰기 순서]
丑 : 一 十 卄 丑　　日 : l 冂 日 日

[昔 자가 들어간 단어]
昔年(석년) 昔歲(석세) 昔人(석인)

만물이 소생하는 봄을 시작으로 본다면
겨울은 옛날 접때가 된다.

장면 기억 한자

 【bīng (삐一잉)】
【얼음 빙/엉길 응】 얼음, 고체, 서늘하게 하다, 얼다

[쓰기 순서]
冫 : 丶 冫

 【bīng (삐一잉)】　　　　　　　　　　　　　　　　(5급)
【얼음 빙/엉길 응】 얼음, 고체(固體)

[쓰기 순서]
水 : 丨 亅 水 水　　丶 : 丶

[氷 자가 들어간 단어]
氷河(빙하) 氷晶(빙정) 解氷(해빙)

176

라. 동굴 주거 생활

 【bīng (삐一잉)】
氷(빙)의 본자(本字)

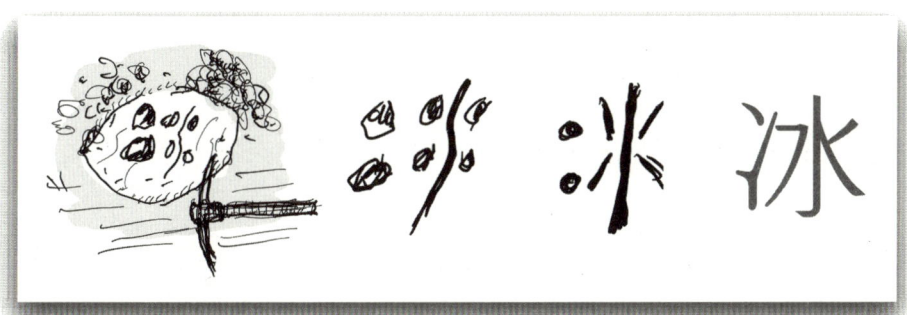

금문   설문해자

[쓰기 순서]
冫 : 丶 冫   水 : 丨 기 水 水

[冰 자가 들어간 단어]
冷語冰人(냉어빙인) 氷雪(빙설)

177

장면 기억 한자

 【dōng (또ー옹, 뚜ー웅)】 (7급)
【겨울 동/북소리 동】 겨울, 겨울북소리

[쓰기 순서]
夂 : ノ 夂 夂   冫 : 丶 冫

[冬 자가 들어간 단어]
冬至(동지) 冬眠(동면) 立冬(입동)

라. 동굴 주거 생활

겨울과 연관된 몇 글자

7) 凍(冻), 冷, 令, 命
   (얼 동)   (찰 랭) (하여금 령/영) (목숨 명)

凍(冻) 동(凍) 자는 해가 뜨는 겨울날에 보이는 얼음과 겨울에 잎이 떨어진 나무의 모습을 상형한 글자이다.

冷　냉(冷) 자는 얼음구멍을 내다가 얼음구멍에 빠져 헤치고 나온 사람이 너무 추워서 웅크리고 있는 모습을 상형한 글자이다.

令　령(令) 자는 흰 눈이 덮인 산과 그 아래에 얼음구멍에 빠져 헤치고 나온 사람이 추워서 몸을 움츠리는 모습을 상형한 글자이다.
　물에 빠졌다가 나오면 감기나 심지어 생명도 위태롭기 때문에 어른들은 젊은 사람한테 걱정하여 멈칫거리지 말고 얼른 집에 들어가라고 급한 마음으로 호통 치게 된다. 그래서 이 글자가 '하여금, 명령' 등을 뜻하게 되었다.

命　명(命) 자에서 보이는 구(口) 자는 사람의 머리로 볼 수도 있지만 또한 여기서 얼음구멍으로도 볼 수 있다. 엄동설한에 얼음구멍에 빠지거나 빠져 헤쳐 나와도 바로 조치가 안 되면 얼어 죽을 수도 있다. 그래서 이 글자가 '생명'과 연관이 된 글자로 되었다.

라. 동굴 주거 생활

  【dòng (또ㅡ옹, 뚜ㅡ웅)】　　　　　　　　　　　　　　　(3급)
　　　【얼 동】 얼다, 얼음

䏕 전서　䄻 설문해자

[쓰기 순서]
　　冫 : 丶 冫　　木 : 一 十 才 木　　日 : 丨 冂 日 日

[凍 자가 들어간 단어]
　凍結(동결)　凍傷(동상)　解凍(해동)

冻　【dòng (또ㅡ옹, 뚜ㅡ웅)】
　　　凍(동)의 간체자(簡體字)

[쓰기 순서]
　　冫 : 丶 冫　　东 : 一 𠃍 东 东 东

장면 기억 한자

 【lěng (러∨엉)】 (5급)
【찰 랭(냉)】 차다, 차게 하다, 쌀쌀하다, 얼다

전서   설문해자

[쓰기 순서]
冫: 丶冫   人: 丿人   一: 一   刀: 𠃌刀

[冷 자가 들어간 단어]
冷徹(냉철) 冷戰(냉전) 冷酷(냉혹)

 【lěng (러∨엉)】
중국식 간체자(簡體字)

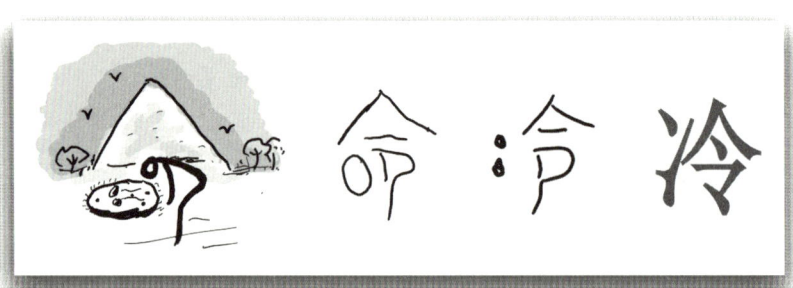

[쓰기 순서]
冫: 丶冫   人: 丿人   丶: 丶   マ: 𠃍マ

라. 동굴 주거 생활

 【lìng (뤼ˋ잉)】, 【líng (리ˊ잉)】　　　　　　　(5급)
【하여금 령(영)】 하여금, 가령(假令), 이를테면,
법령(法令), 규칙(規則)

갑골문　　금문　　설문해자

[쓰기 순서]　　　　　　　　　　　　[令 자가 들어간 단어]
人：ノ 人　　一：一　　卩：フ 卩　　命令(명령) 司令官(사령관)

 【lìng (뤼ˋ잉)】, 【líng (리ˊ잉)】
중국식 간체자(簡體字)

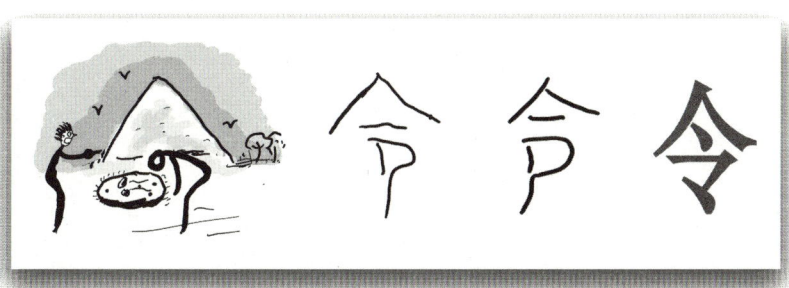

[쓰기 순서]
人：ノ 人　　ヽ：ヽ　　マ：フ マ

 【mìng (띠ㅡ잉)】 (7급)
【목숨 명】 목숨, 생명(生命), 수명(壽命)

[쓰기 순서]
人 : ノ 人   一 : 一   口 : 丨 冂 口   卩 : 丨 卩

[命 자가 들어간 단어]
生命(생명) 命令(명령)

마. 동굴에서의 생활

1) 者, 孝, 子, 此, 老(耂), 考, 丂

2) 比, 北, 奔, 去, 企

3) 急, 及, 捉, 吸

4) 屎, 尿, 屁, 弱, 尾, 毛

5) 登, 友, 先, 危, 厄

마. 동굴에서의 생활

동굴 생활에 연관된 몇 글자

1) 者, 孝, 子, 此, 老(耂), 考, 丂
(놈 자) (효도할 효) (아들 자) (이 차) (늙을 로/노) (생각할 고) (공교할 교)

者 자(者) 자는 권력의 상징인 곤장(棍杖)을 옆에 놓고 상 앞에 앉아있는 모습을 상형한 글자이다. 앞에서 보이는 일(日)자는 상과 상위에 올려놓은 인장을 뜻한 글자라고 볼 수 있다.

옛날에는 나이가 많은 노인이 우두머리이기 때문에 이 글자가 또한 노인과 연관되는 글자이기도 하다.
　　위의 모양을 보면 이 글자는 또한 노인이거나 우두머리한테 머리 숙여 복종하는 모습이기도 하다는 것을 알 수 있다.

孝　효(孝) 자는 일어서려는 노인을 부축해서 도와주는 아이의 모습을 상형한 글자이다.

子　자(子) 자는 보자기에 싸인 아기가 두 팔을 벌리고 머리를 좌우로 돌리는 모습을 상형한 글자이다.

此　차(此)자는 아이를 돌보는 노인이 다리사이로 아이를 앉혀 놓은 모습을 상형한 글자이다.

老(耂)　노(老) 자는 앉아 있는 노인이 지팡이나 곰방대를 옆에 놓고 아이를 돌보고 있는 모습을 상형한 글자이다. 여기서 비(匕)자는 놀고 있는 아이의 모습이다. 이 글자에서 노(老) 자는 노인이 앉아있고 그 앞에 일어서는 아이와 앉아 있는 아이를, 노(耂) 자는 앉아 있는 노인과 지금 막 일어서려는 아이의 모습을 상형한 글자로 보아도 된다.

考　고(考) 자는 지팡이나 곰방대를 옆에 놓고 앉아 있는 노인의 앞에서 아이가 폴짝폴짝 뛰고 있는 모습을 상형한 글자이다. 이 글자는 또한 아이가 얼마나 잘 뛰는지, 또는 설 수 있는지를 노인이 시험을 하고 있는 모습으로도 볼 수 있다.

丂　교(丂) 자는 뛰고 있는 아이의 모습을 상형한 글자이다.

마. 동굴에서의 생활

者 【zhě (쩌ˇ어)】
중국식 간체자(簡體字)

[쓰기 순서]
耂 : 一 十 土 耂   日 : l 冂 冂 日

者 【zhě (쩌ˇ어)】 (6급)
【놈 자】 놈, 사람, 것, 곳, 장소(場所)

 금문   전서   설문해자

[쓰기 순서] 　　　　　　　　　[者 자가 들어간 단어]
耂 : 一 十 土 耂   丶 : 丶　　　患者(환자) 記者(기자)
日 : l 冂 冂 日

장면 기억 한자

 【xiào (쌰ˋ오/우)】　　　　　　　　　　　　　　　(7급)
【효도 효】 효도, 본받다

[쓰기 순서]

孝 : 一 十 土 耂　　子 : 乛 了 子

[孝 자가 들어간 단어]
孝道(효도) 孝誠(효성) 孝女(효녀)

不孝有三, 無後爲大
불 효 유 삼   무 후 위 대

(不孝有三, 无后为大)

이 말은 맹자(孟子)의 이루(離婁) 상(上)에서 나온 말이다. 옛날에는 자식이 없으면 제일 큰 불효(不孝)로 여겼다. 그래서 효(孝) 자는 노인을 뜻한 글자 노(耂) 자 아래 낳은 자식을 뜻한 자(子) 자로 뜻하게 되었다.

마. 동굴에서의 생활

 【zǐ (즈∨으)】 (7급)
【아들 자】 아들, 자식(子息), 경칭(敬稱)

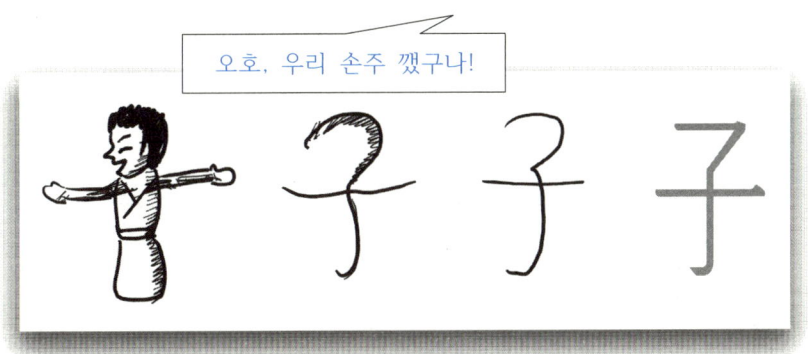

𡿨 갑골문 𡥀 금문 𣎑 전서 𡿩 설문해자

[쓰기 순서]　　　　　　　　　　　　[子 자가 들어간 단어]
子 : フ 了 子　　　　　　　　　　　子女(자녀) 子息(자식) 孫子(손자)

 【cǐ (츠∨으)】 (3급)
【이 차】 이, 이에

𣥐 갑골문 𣥕 금문 𣥖 전서 𣥗 설문해자

[쓰기 순서]　　　　　　　　　　　　[此 자가 들어간 단어]
止 : ㅣ ㅏ ㅑ 止　　ヒ : ㄴ ヒ　　　此後(차후) 此回(차회) 如此(여차)

장면 기억 한자

 【lǎo (라∨오/우)】　　　　　　　　　　　　　　(7급)
【늙을 로/노】 늙다, 오래 되다, 늙은이

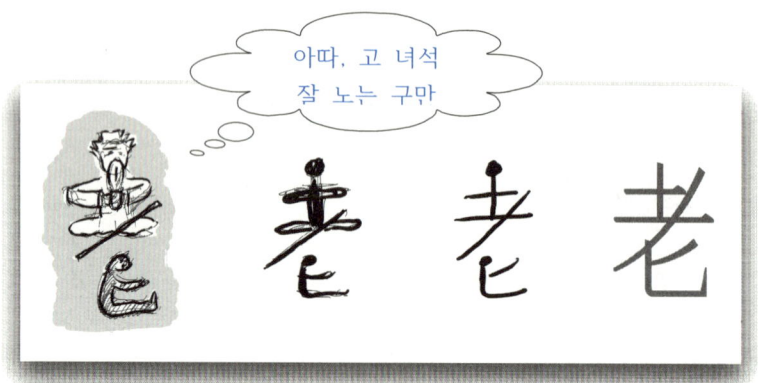

갑골문　　금문　　전서　　설문해자

[쓰기 순서]　　　　　　　　　　　[老 자가 들어간 단어]
耂 : 一 十 土 耂　　匕 : ㄴ 匕　　元老(원로) 敬老(경로) 長老(장로)

耂　【늙을 로/노】
　　老(로)와 동자(同字)

[쓰기 순서]
耂 : 一 十 土 耂

마. 동굴에서의 생활

【kǎo (카∨오/우)】　　　　　　　　　　　　　　　　(5급)
【생각할/살필 고】 생각하다, 시험(試驗)하다, 살펴보다

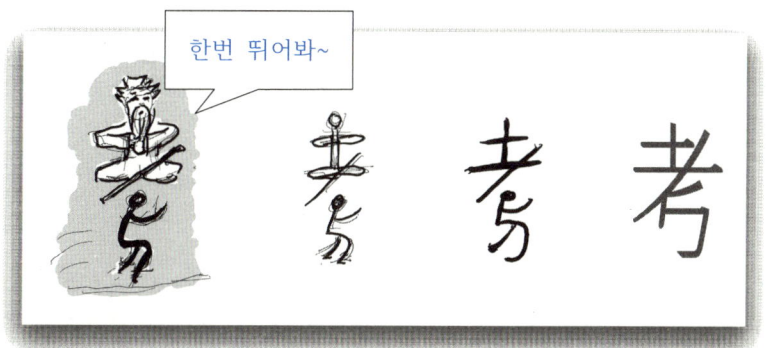

考 갑골문　考 금문　考 전서　考 설문해자

[쓰기 순서]
耂 : 一 十 土 耂　　丂 : 一 丂

[考 자가 들어간 단어]
考慮(고려) 考査(고사) 考試(고시)

【kǎo (카∨오/우)】
【공교할 교】 솜씨가 있다, 약삭빠르다, 재주, 책략

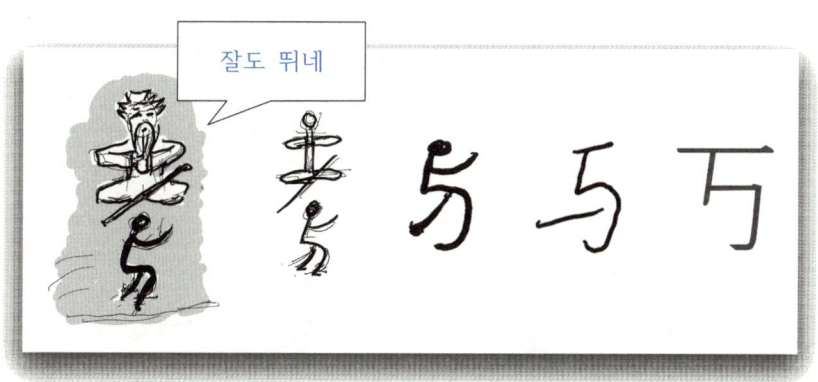

丂 갑골문　丁 전서　丂 설문해자

[쓰기 순서]
丂 : 一 丂

장면 기억 한자

동굴 생활에 연관된 몇 글자 (2)
2) 比, 北, 奔, 去, 企
　　（견줄 비）（북녘 북）（달릴 분）（갈 거）（꾀할 기）

比　비(比) 자는 누가 더 멀리 뛰는지 겨루고 있는 두 아이의 모습을 상형한 글자이다.

마. 동굴에서의 생활

北　북(北) 자는 겨룬 결과 그 중 진 아이가 토라져서 등지고 있는 모양을 상형한 글자이다. 이 글자가 '북'을 뜻하게 된 것은 옛날에는 초기에는 항시 남향을 택해 살았기 때문에 밝은 쪽을 보게 되면 등은 북쪽을 향할 수밖에 없어 이 글자가 북(北)을 뜻하게 되었다.

奔　분(奔) 자는 풀밭으로 빨리 달아나는 모습을 상형한 글자이다.

去　거(去) 자는 빨리 달려가는 모습을 상형한 글자이다. 얼마나 빨리 달렸는지 신발도 한 짝 벗겨진 모습이다. 사(厶) 자는 달릴 때 앞에 있는 장애물로 보아도 되지만 여기서는 벗겨진 신발의 모양으로 보는 것이 타당하다.

企　기(企) 자는 가파른 산을 어떻게 올라갈지를 꾀하고 있는 모습을 상형한 글자이거나 또한 어떻게 앞으로 나아가야할지를 꾀하고 있는 모습이기도 하다.

장면 기억 한자

 【bǐ (비ˇ이)】 (5급)
【견줄 비】 비교하다, 같다, 겨루다, 비율

巛 갑골문　巛 금문　㸲 전서　㸲 설문해자

[쓰기 순서]　　　　　　　　　[比 자가 들어간 단어]
比 : ー 𠄌 𠄌ᅡ 比　　　　　　比喩(비유) 比較(비교) 比重(비중)

 【běi (버ˇ이)】 (8급)
【북녘 북/달아날 배】 북쪽, 등지다

𠨛 갑골문　北 금문　㔾 설문해자

[쓰기 순서]　　　　　　　　　[北 자가 들어간 단어]
北 : 丿 ㇀ 𠄌 北　　　　　　北方(북방) 北極(북극) 北側(북측)

마. 동굴에서의 생활

 【bēn (뻐ー언)】 (3급)
【달릴 분】 빠르다, 빨리, 달아나다, 도망쳐 내닫다

金文　　전서　　설문해자

[쓰기 순서]
大 : 一 ナ 大　　十 : 一 十
廾 : 一 ナ 廾

[奔 자가 들어간 단어]
奔走(분주) 奔忙(분망)

 【qù (취\위)】 (5급)
【갈 거】 가다

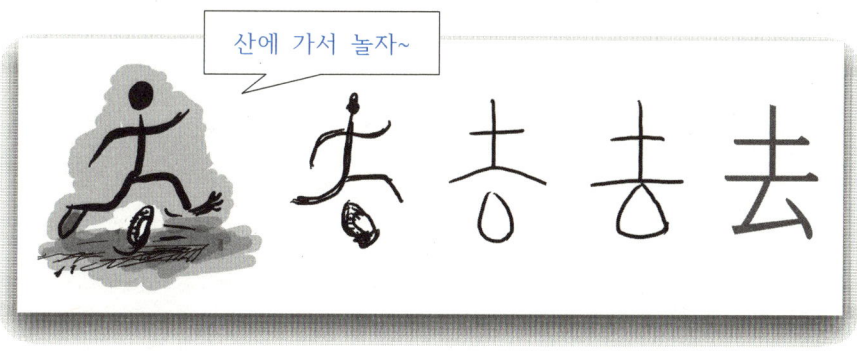

갑골문　　금문　　전서　　설문해자

[쓰기 순서]
土 : 一 十 土　　厶 : ㄥ 厶

[去 자가 들어간 단어]
去來(거래) 去年(거년) 過去(과거)

장면 기억 한자

 【qǐ (치∨이)】 (3급)
【꾀할 기】 도모하다, 기도하다, 바라다, 기대하다

[쓰기 순서]
 人 : ノ 人   止 : ㅣ ㅏ ㅑ 止

[企 자가 들어간 단어]
 企業(기업) 企劃(기획) 企望(기망)

마. 동굴에서의 생활

동굴 생활에 연관된 몇 글자 (3)

3) 急, 及, 捉, 吸
(급할 급) (미칠 급) (잡을 착) (마실 흡)

急 급(急) 자는 산위로 달아난 사람을 잡으려고 급하게 오르면서 풀뿌리를 마구 쥐었다가 그 중 한 움큼이 떨어져 나가는 모습을 상형한 글자이다.

及 급(及) 자는 한 사람이 산 위로 빨리 도망가는 모습과 그 아래에서 다른 한 사람이 쫓아와서 잡는 모양을 상형한 글자이다.

급(及)자를 보면 지금 막 위로 도망가는 사람을 잡는 순간인 것이다. 그래서 급(及)자는 다리를 잡는 모양으로 표현을 하게 된 것이다.

捉 착(捉) 자는 손으로 발을 잡는 모습을 상형한 글자이다.

이 글자를 보면 급(及) 자와 같은 그림에서 왔다는 것을 알 수 있다.

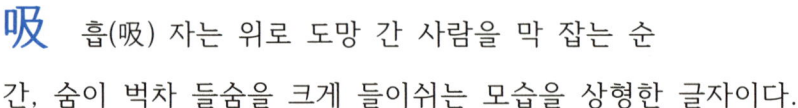

吸 흡(吸) 자는 위로 도망 간 사람을 막 잡는 순간, 숨이 벅차 들숨을 크게 들이쉬는 모습을 상형한 글자이다.

마. 동굴에서의 생활

【jí (지╱이)】　　　　　　　　　　　　　　　　　　　(6급)
【급할 급】 급(急)하다, 빠르다, 재촉하다, 긴요 하다

[쓰기 순서]　　　　　　　　　　　　　　　　　　[急 자가 들어간 단어]
⺈ : ノ ⺈　　ヨ : フ ㄱ ヨ　　心 : ノ 心 心 心　　急速(급속) 急變(급변)

【jí (지╱이)】　　　　　　　　　　　　　　　　　　(3급)
【미칠 급】 미치게 하다, 끼치게 하다, 함께

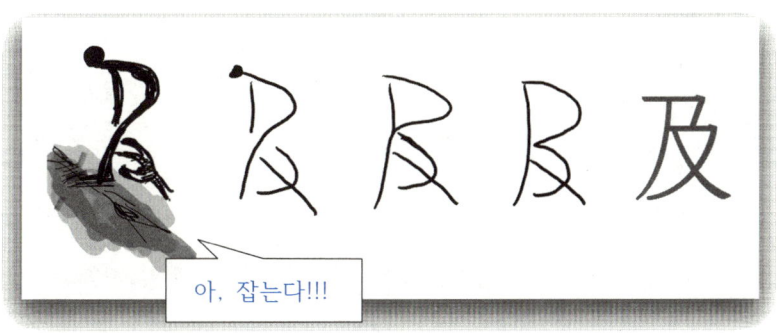

[쓰기 순서]　　　　　　　　　　　　　　　　　　[及 자가 들어간 단어]
乃 : ノ 乃　　 丶 : 丶　　　　　　　　　　　及第(급제) 言及(언급) 及落(급락)

장면 기억 한자

 【zhuō (쭈ㅡ어)】　　　　　　　　　　　　　　　　　　　(3급)
【잡을 착】 잡다, 쥐다, 체포하다, 지키다, 부리다

설문해자

[쓰기 순서]　　　　　　　　　　　　　　　　[捉 자가 들어간 단어]
扌 : 一 十 扌　　足 : 丨 口 口 ロ 甲 尸 足　　捉來(착래) 捉去(착거)

 【xī (시ㅡ이)】　　　　　　　　　　　　　　　　　　　(4급)
【마실 흡】 빨다, 숨 들이쉬다, 잡아당기다

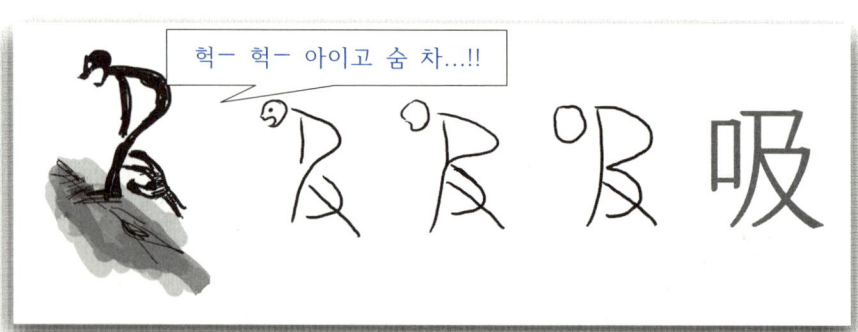

전서　설문해자

[쓰기 순서]　　　　　　　　　　　　　　　　[吸 자가 들어간 단어]
口 : 丨 口 口　　乃 : 丿 乃　　丶 : 丶　　吸收(흡수) 吸煙(흡연)

마. 동굴에서의 생활

생리현상과 연관된 몇 글자
4) 屎, 尿, 屁, 弱, 尾, 毛
(똥 수) (오줌 뇨) (방귀 비) (약할 약) (꼬리 미) (털 모)

屎 시(屎) 자는 앉아서 똥을 누는 사람의 모습을 상형한 글자이다.

尿 뇨(尿) 자는 앉아서 오줌 누는 모습을 상형하고 있다.

屁 비(屁) 자는 사람이 방귀 뀌는 모습을 상형한 글자이다.

弱 약(弱) 자는 누워서 자는 사람이 이불에 오줌을 싼 모습을 상형한 글자이다. 오줌을 싸는 사람은 몸이 불편한 노인과 어린 아이 또는 약자(弱者)인 것이다.

尾 미(尾) 자는 말과 같은 짐승의 엉덩이에 달린 꼬리를 상형한 글자이다.

毛 모(毛) 자는 말이나 기타 동물의 꼬리를 상형한 글자이다.

마. 동굴에서의 생활

【shǐ (ㄕ˘으)】 (특급)
【똥 시/끙끙거릴 히】 똥, 대변, 분비물, 신음하다

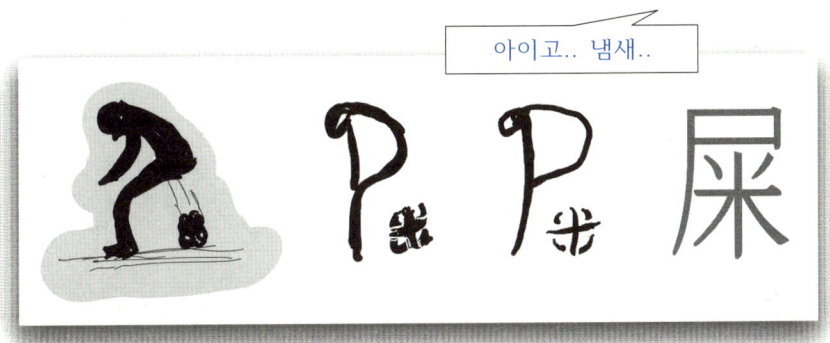

아이고.. 냄새..

[쓰기 순서]
尸 : ㄱ ㄱ 尸   米 : ﹨ ﹨ ʯ ʯ 米 米

[屎 자가 들어간 단어]
屎尿(시뇨) 胎屎(태시)

【niào (ㄋㄧㄠˋ오/우)】 (2급)
【오줌 뇨(요)】 오줌, 소변

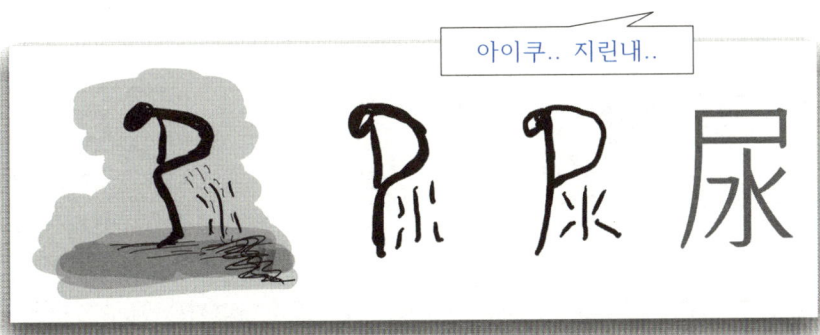

아이쿠.. 지린내..

尿 설문해자

[쓰기 순서]
尸 : ㄱ ㄱ 尸   水 : ㅣ ㄱ 水 水

[尿 자가 들어간 단어]
糖尿(당뇨) 放尿(방뇨) 血尿(혈뇨)

205

장면 기억 한자

  【pì (피ヽ이)】
【방귀 비】방귀

[쓰기 순서]
尸 : ㄱ ㄱ 尸   比 : - ㅏ ㅂ 比

[屁 자가 들어간 단어]
放屁蟲(방비충)

弱 【ruò (루오ヽ/어)】　　　　　　　　　　(6급)
【약할 약】약해지다, 쇠해지다, 잃다, 약한 자

弱 전서　弱 설문해자

[쓰기 순서]
弓 : ㄱ ㄱ 弓　 ノ : ノ　ノ : ノ
弓 : ㄱ ㄱ 弓　 ノ : ノ　ノ : ノ

[弱 자가 들어간 단어]
弱子(약자) 弱點(약점) 弱勢(약세)

마. 동굴에서의 생활

 【ruò (루ㄟ오/어)】
중국식 간체자(簡體字)

[쓰기 순서]
弓 : ㄱ ㄱ 弓   冫 : ㆍ ㆍ 冫   弓 : ㄱ ㄱ 弓   冫 : ㆍ ㆍ 冫

尾 【wěi (워ˇ이)】   (3급)
【꼬리 미】 끝, 뒤쪽, 뒤 다르다, 교미하다

[쓰기 순서]   [尾 자가 들어간 단어]
尸 : ㄱ ㄱ 尸 毛 : ㄧ ㄧ 三 毛   尾行(미행) 尾聯(미련) 尾掉(미도)

장면 기억 한자

 【máo (마/오/우)】 (4급)
【터럭 모】 털, 모피, 가볍다, 가늘다

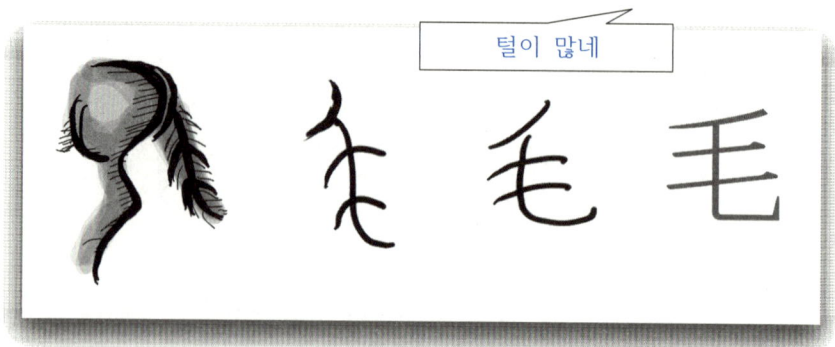

[쓰기 순서]
毛 : ノ 二 三 毛

[毛 자가 들어간 단어]
毛皮(모피) 毛髮(모발) 毛孔(모공)

마. 동굴에서의 생활

등산과 연관된 몇 글자

5) 登, 友, 先, 危, 厄
(오를 등) (벗 우) (먼저 선) (위태할 위) (액 액)

登 등(登) 자는 등산할 때의 남긴 두 발자국과 층계를 상형한 글자이다.

장면 기억 한자

友 우(友) 자는 산 위에 먼저 올라간 사람이 산 아래서 힘들게 올라오고 있는 사람의 손을 잡아 끌어올리는 모습을 상형한 글자이다. 서로 돕는 것이 친구인 것이다. 이 글자는 또한 서로 악수하는 모습으로 보아 친구를 뜻하기도 한다.

先 선(先)자는 등산할 경우 나보다 먼저 등산한 사람의 모습을 상형한 글자이다.

危 위(危) 자는 벼랑에 서있는 사람의 모습과 벼랑 아래로 떨어지는 사람의 모습을 상형한 글자이다. 벼랑에 서면 위태로워 벼랑에서 굴러 떨어질 수 있다.

厄 액(厄) 자는 벼랑에서 굴러 떨어진 사람의 모습을 상형한 글자이다.

마. 동굴에서의 생활

 【dēng (떠ㅡ엉)】 (7급)
【오를 등】 나가다, 기재하다, 익다

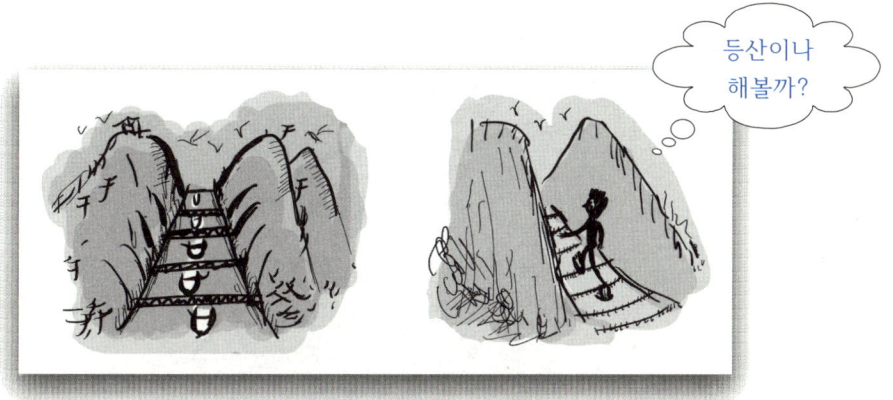

갑골문 금문 설문해자

[쓰기 순서]

癶 : ㄱ ㅋ ㅋ´ ㅋ` 癶   豆 : 一 ㄒ 冂 口 ㅁ 57 57 豆

[登 자가 들어간 단어]
登場(등장) 登錄(등록)

장면 기억 한자

 【yǒu (요/여∨우)】 (5급)
【벗 우】 동아리, 벗하다, 사귀다, 가까이 하다

갑골문 금문 전서 설문해자

[쓰기 순서]
ナ : 一 ナ   又 : フ 又

[友 자가 들어간 단어]
友情(우정) 友愛(우애) 友好(우호)

마. 동굴에서의 생활

【xiān (씨一엔)】 (8급)
【먼저 선】 미리, 옛날, 이전, 조상, 선구, 처음

갑골문 금문 전서 설문해자

[쓰기 순서]　　　　　　　　　　[先 자가 들어간 단어]
先 : ノ ⺧ ⺧ 生 先　　　　　　先祖(선조) 先生(선생)

【wēi (웨一이)】 (4급)
【위태할 위】 두려워하다, 엄하다, 위태롭다

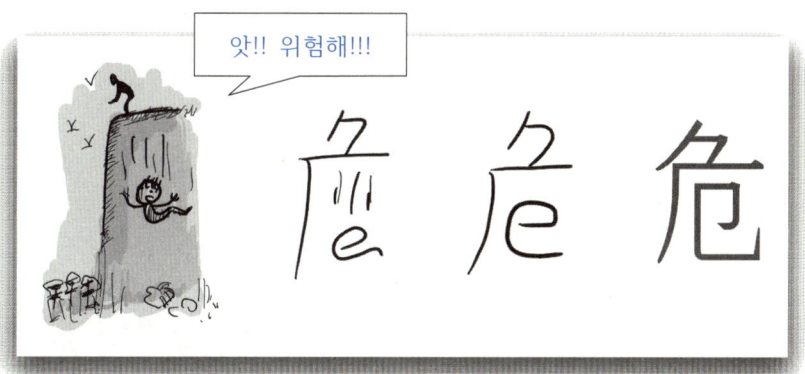

갑골문 전서 설문해자

[쓰기 순서]　　　　　　　　　　[危 자가 들어간 단어]
⺋ : ノ ⺋　　厄 : 一 厂 厂 厄　　危機(위기) 危險(위험) 危急(위급)

장면 기억 한자

 【è (ㅇㅓㄟ어)】 (3급)
【액 액】 불행한 일, 재앙, 해치다, 고생하다

settings 설문해자

[쓰기 순서]
厄 : 一 厂 厃 厄

[厄 자가 들어간 단어]
厄運(액운) 厄年(액년) 厄禍(액화)

바. 태양에 대한 인식

1) 日, 白, 月, 夕

2) 昜, 易, 阝, 陽(阳)

3) 良, 浪, 朗

4) 早, 晨, 辰

5) 朝(晁), 旭, 旦

6) 曉(晓), 堯(尭, 垚, 尧), 兀

바. 태양에 대한 인식

해, 달과 연관된 몇 글자
1) 日,　白,　月,　夕
(날 일)　(흰 백)　(달 월)　(저녁 석)

日　일(日) 자는 아침에 크고 선명하게 떠오르는 태양의 모습을 상형한 글자이다. 아침에 막 떠오른 태양을 보면 태양의 중간부분에서 아래쪽이 항상 더 붉게 보인다. 그래서 태양의 중간에 마치 일(一)자 모양의 선이 생기게 된 것이다.

217

장면 기억 한자

白 　백(白) 자는 떠오르는 태양의 밝은 빛을 상형한 글자이다.

月 　월(月) 자는 조각달과 달 속의 어두운 부분의 모양을 상형한 글자이다.

夕 　석(夕) 자는 조각달의 모양을 상형한 글자이다.

바. 태양에 대한 인식

| 日 | 【rì (르\으)】　　　　　　　　　　　　　　　　　　　(8급)
【날 일】 날, 해, 태양(太陽), 낮, 날수, 기한(期限) |

아침의 태양은 아래의 반쪽이 더 붉구나

갑골문　금문　설문해자

[쓰기 순서]
日 : ㅣ 冂 日 日

[日 자가 들어간 단어]
日子(일자)　日本(일본)　日程(일정)

| 白 | 【bái (바ノ이)】　　　　　　　　　　　　　　　　　　(8급)
【흰 백】 희다, 깨끗하다, 밝다, 빛나다 |

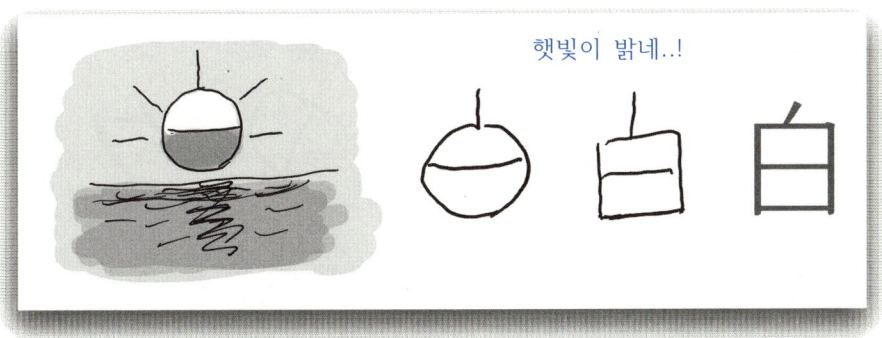

햇빛이 밝네..!

갑골문　금문　설문해자

[쓰기 순서]
白 : ′ ㅣ 冂 白 白

[白 자가 들어간 단어]
白露(백로)　白眉(백미)　白雪(백설)

장면 기억 한자

 【yuè (위ㅅ에)】 (8급)
【달 월】 달, 별 이름, 세월(歲月), 나달

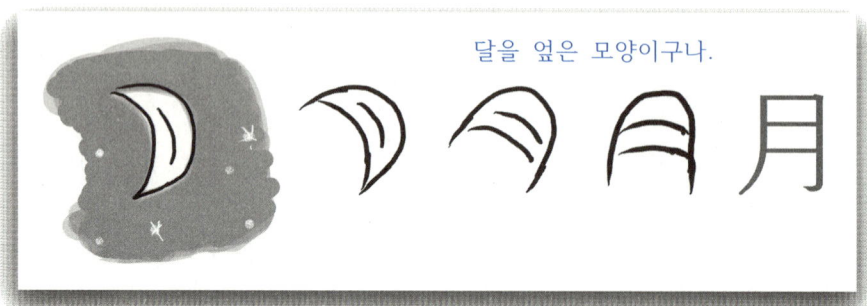

달을 엎은 모양이구나.

𝄞 갑골문 𝄞 금문 月 전서 𝄞 설문해자

[쓰기 순서]
月 : ノ 几 月 月

[月 자가 들어간 단어]
日月(일월) 月給(월급) 月光(월광)

 【xī (씨ㅡ이)】 (7급)
【저녁 석】 저녁

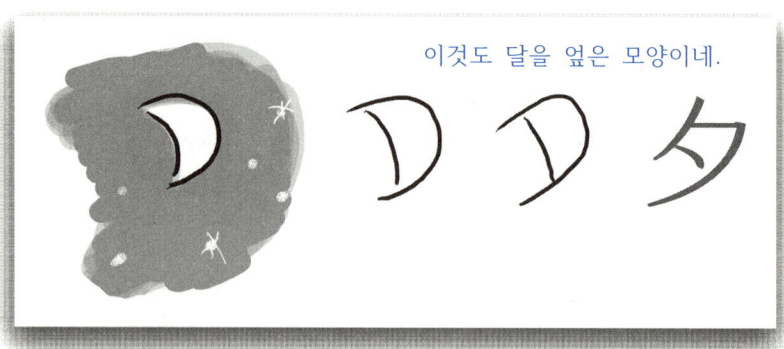

이것도 달을 엎은 모양이네.

𝄞 갑골문 𝄞 금문 𝄞 전서 𝄞 설문해자

[쓰기 순서]
夕 : ノ 勹 夕

[夕 자가 들어간 단어]
夕陽(석양) 七夕(칠석) 秋夕(추석)

바. 태양에 대한 인식

태양과 연관된 몇 글자
2) 昜, 易, 阝, 陽(阳)
(볕 양)　(바꿀 역)　(언덕 부)　(볕 양)

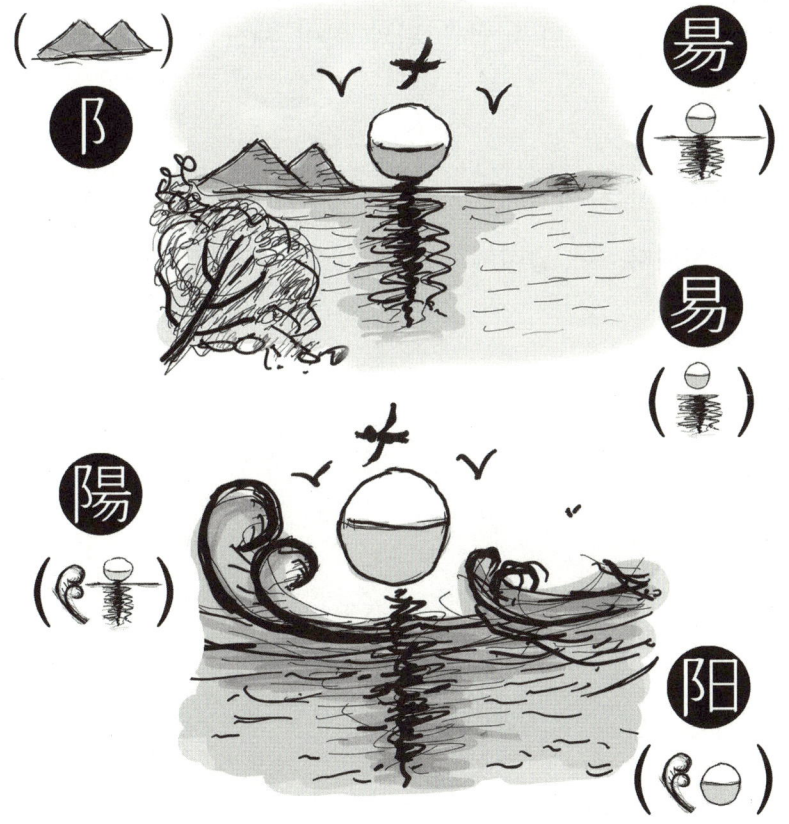

昜　양(昜) 자는 아침에 떠오르는 태양과 바다의 수평선과 바다에서 반짝이는 반영(反影)의 모습을 상형한 글자이다.

221

易 역(易) 자는 아침에 떠오르는 태양과 바다에서 반짝이는 반영(反影)의 모습을 상형한 글자이다. 역(易) 자가 '바뀌다'를 뜻하게 된 것은 밤에서 낮으로 바뀌는 시점의 해 모양이기 때문이다.

阝 부(阝) 자는 언덕의 모양을 상형한 글자이다.

  옛날에는 글자를 나뭇가지나 대나무에 세로로 썼다. 따라서 나뭇가지나 대나무가 세로로 길고 폭이 좁은 모양이다. 그런데 부(阝) 자처럼 옆으로 늘어져 있는 글자는 좁은 공간에 쓰기가 어려워 나뭇가지나 죽간에 눕혀서 썼는데 세워서 보니까 현재의 모양으로 된 것이다.

    그리고 참고로 부(阝) 자를 앞 그림과 같이 세찬 파도의 모양으로 보아도 된다.

陽(阳) 양(陽) 자는 아침에 떠오르는 태양과 바닷가에서 보이는 섬의 모양을 상형한 글자이다. 이 글자에서 부(阝) 자는 세찬 파도의 모양으로도 볼 수 있다.

바. 태양에 대한 인식

陽 【yáng (야ˊ양)】 (특급)
【볕 양】 볕, 양지(陽地), 해, 태양(太陽), 하늘

우무 갑골문 금문 전서 설문해자

[쓰기 순서]
日 : 丨 冂 日 日   一 : 一   勿 : 丿 勹 勹 勿

 【yì (이ˋ이)】 (4급)
【바꿀 역/쉬울 이】 바꾸다, 고치다, 교환(交換)하다

갑골문 금문 전서 설문해자

[쓰기 순서]   [易 자가 들어간 단어]
日 : 丨 冂 日 日   勿 : 丿 勹 勹 勿   易經(역경) 易簀(역책) 貿易(무역)

223

장면 기억 한자

【ān (⸨아⟶안)】
【언덕 부】언덕, 산 크다, 크게 하다, 높다

[쓰기 순서]
阝 : ㇌阝

陽　【yáng (야／앙)】　　　　　　　　　　　(6급)
【볕 양】볕, 양지(陽地), 해, 태양(太陽)

陽 갑골문　陽 금문　陽 전서　陽 설문해자

[쓰기 순서]
阝 : ㇌阝　　日 : 丨冂日　　一 : 一　　勿 : ノ勹勹勿

[陽 자가 들어간 단어]
太陽(태양) 陰陽(음양) 夕陽(석양)

바. 태양에 대한 인식

 【yáng (야/양)】
陽(양)의 속자(俗字)/간체자(簡體字)

[쓰기 순서]
阝: 了阝   日: 丨冂日日

장면 기억 한자

태양과 연관된 몇 글자 (2)
3) 良, 浪, 朗
(어질 량/양) (물결 랑/낭) (밝을 랑/낭)

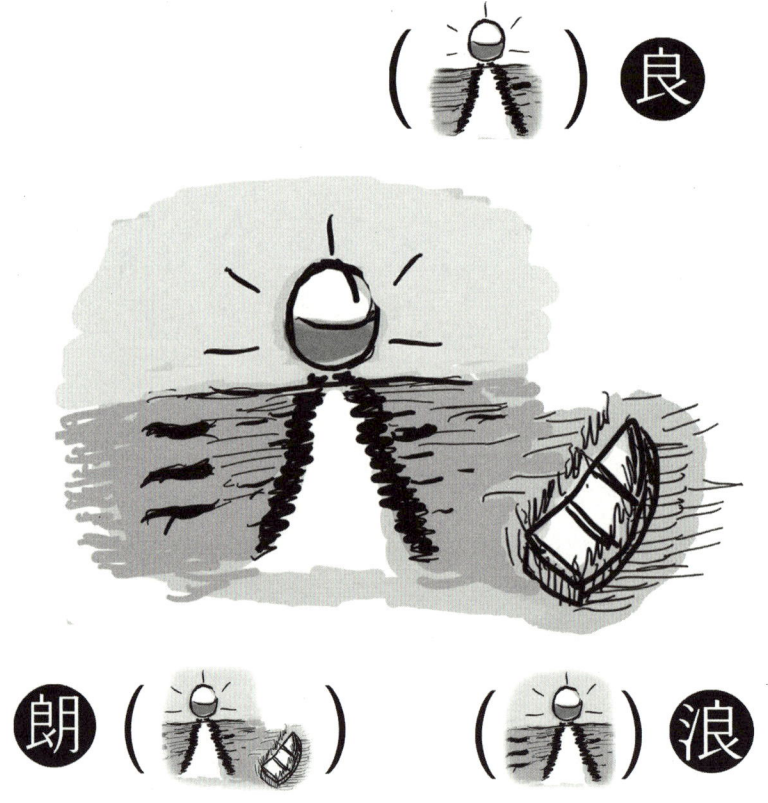

良 양(良) 자는 아침에 떠오르는 태양과 반영(反影)의 모습을 상형한 글자이다.

바. 태양에 대한 인식

浪 랑(浪) 자는 아침에 떠오르는 태양과 반영이 보이는 물결의 모양을 상형한 글자이다.

朗 랑(朗) 자는 반영(反影)이 있는 아침에 떠오르는 태양과 바다에 떠있는 배를 상형한 글자이다. 여기서 월(月) 자는 주(舟) 자를 간략화한 글자이다.

사람이 어둠 속을 헤매며 긴긴 밤을 세 울 때 솟아오르는 밝은 해를 보며 고기잡이를 나설 생각을 하면 기분이 좋아지게 된다. 그렇지 않고 비가 구질구질 내리는 날이면 기분이 우울해 진다.

【liáng (랴ノ앙)】 (5급)
【어질 량(양)】 어질다, 좋다, 훌륭하다, 아름답다

갑골문 금문 전서 설문해자

[쓰기 순서]
丶 : 丶   艮 : フ ㄱ ㅋ 厚 月 艮

[良 자가 들어간 단어]
不良(불량) 善良(선량) 改良(개량)

 【làng (라丶앙)】 (3급)
【물결 랑(낭)】 물결, 파도(波濤), 함부로, 마구

전서 설문해자

[쓰기 순서]
氵 : 丶 丶 ㇗
艮 : フ ㄱ ㅋ 厚 月 艮

[浪 자가 들어간 단어]
樂浪(낙랑) 風浪(풍랑)

228

【lǎng (라∨앙)】 (5급)
【밝을 랑(낭)】 밝다, 환하다, (소리가)맑다

朧 전서 朗 설문해자

[쓰기 순서]
丶 : 丶   良 : フコヨ目月艮良   月 : ノ几月月

[朗 자가 들어간 단어]
明朗(명랑) 晴朗(청랑)

여기서 월(月) 자는 물고기의 모양으로 보아도 무방하다.

장면 기억 한자

새벽과 연관된 몇 글자
4) 早, 晨, 辰
(이를 조) (별 진) (새벽 신)

早 조(早) 자는 새벽에 막 떠오르는 태양과 반영(反影)의 모습을 상형한 글자이다. 새벽에 막 떠오르는 태양은 그 아랫부분이 바다의 수평선과 잇닿은 모양으로 보인다. 그래서 반영의 모양이 십(十) 자의 모양으로 보이게 되었다.

晨　신(晨) 자는 해가 떠오르고 반영(反影)이 있는 새벽에 일어나는 사람의 모습을 상형한 글자이다.

辰　신(辰) 자는 조개의 모양을 상형한 글자로도 보이고 또한 누에의 모습을 상형한 글자이기도 하다. 이 글자가 별을 뜻하게 된 이유는 반영(反影)이 반짝이는 모양이 밤하늘에 반짝이는 별의 모양과 같아서 별을 뜻하게 되었다.

장면 기억 한자

 【zǎo (자∨오/우)】 (4급)
【이를/새벽 조】 이르다, 일찍, 새벽, 이른 아침

[쓰기 순서]
日 : Ｉ 冂 日 日   十 : 一 十

[早 자가 들어간 단어]
早期(조기) 尙早(상조) 早逝(조서)

이른 새벽에 반영이 해와 이어지게 되는 모습을 볼 수 있다. 그래서 일(日) 자 아래에 십(十) 자가 들어가 있게 되었다.

바. 태양에 대한 인식

  【chén (처ㄱ언)】 (3급)
【새벽 신】 새벽, 때

[쓰기 순서]

[晨 자가 들어간 단어]
晨明(신명) 晨光(신광)

장면 기억 한자

 【chén (처ㄥ언)】 (4급)
【별 진/때 신】 별 이름, 수성(水星), 다섯째 지지(地支)

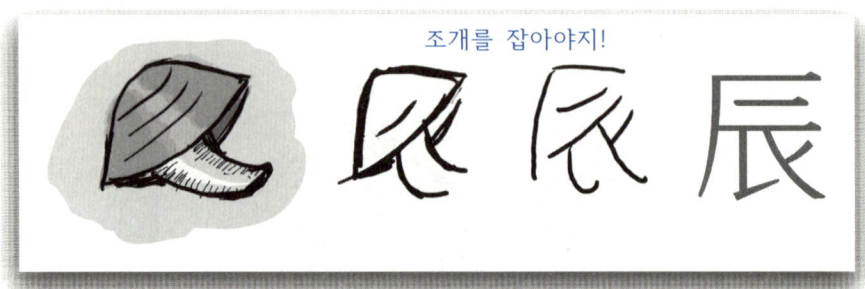

조개를 잡아야지!

갑골문 금문 전서 설문해자

[쓰기 순서]
厂 : 一 厂   一 : 一
辰 : 一 厂 戶 辰

[辰 자가 들어간 단어]
辰時(진시) 辰韓(진한)

아침과 연관된 몇 글자
5) 朝(晁), 旭, 旦
(아침 조)　(아침 해 욱)　(아침 단)

朝 조(朝) 자는 아침에 찬란하게 떠오르는 태양과 태양 위에 나는 새의 모양과 고기잡이배를 상형한 글자이다. 조(朝) 자에서 위에 보이는 십(十) 자는 날고 있는 새의 모습이다.

晁   조(晁) 자는 아침에 떠오르는 태양과 반영(反影)을 상형한 글자이다.

旭   욱(旭) 자는 아침에 떠오르는 태양과 파도치는 바다의 모습을 상형한 글자이다.

旦   단(旦) 자는 아침에 바다의 수평선이거나 평평한 지평선에서 둥글고도 크게 떠오르는 태양을 상형한 글자이다.

바. 태양에 대한 인식

 【cháo (챠ㅡ오/우)】 (6급)
【아침 조/고을 이름 주】 아침, 조정, 왕조

[쓰기 순서]
十 : 一 十　　日 : l 冂 日 日
十 : 一 十　　月 : ﾉ 冂 月 月

[朝 자가 들어간 단어]
朝鮮(조선) 朝夕(조석)

 【cháo (챠ㅡ오/우)】
조(朝)자의 고자(古字)

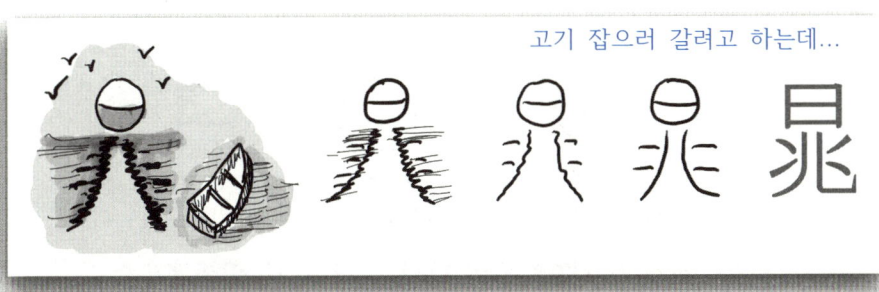

[쓰기 순서]
日 : l 冂 日 日　　兆 : ﾉ ﾉ ⺍ 兆 兆 兆

장면 기억 한자

 【xù (쒸ˋ위)】　　　　　　　　　　　　　　　　　　　(특급)
【아침 해 욱】 아침 해, 돋은 해, 해 돋는 모양

전서　설문해자

[쓰기 순서]　　　　　　　　　[旭 자가 들어간 단어]
九 : ノ 九　　日 : ㅣ 冂 日 日　　旭日(욱일) 旭光(욱광)

 【dàn (따ˋ안)】　　　　　　　　　　　　　　　　　　(3급)
【아침 단】 아침, 해 돋을 무렵, 환한 모양

갑골문　금문　전서　설문해자

[쓰기 순서]　　　　　　　　　[旦 자가 들어간 단어]
日 : ㅣ 冂 日 日　　一 : 一　　元旦(원단) 旦明(단명) 一旦(일단)

바. 태양에 대한 인식

새벽과 연관된 몇 글자
6) 曉(晓), 堯(垚, 垚, 尧), 兀
      (새벽 효)   (요임금 요)   (우뚝할 올)

曉(晓) 효(曉) 자는 구름이 많은 새벽에 구름사이로 새어나온 햇살과 바다위의 반영(反影)의 모습을 상형한 글자이다. 이 글자에서 보이는 일(日) 자는 태양을 뜻하는 글자로도 볼 수 있지만 여기서는 구름으로 보는 것이 더 타당하고 올(兀) 자는 '우뚝하다, 평평하다'를 뜻하는 글자로 볼 수 있지만 여기서는 바다의 반영으로 보는 것이 더 타당하다.

堯(尭, 垚, 尧) 효(曉) 자는 구름이 많은 새벽에 구름사이로 새어나온 햇살과 바다위의 반영(反影)의 모습을 상형한 글자이다.

兀 올(兀) 자는 다리가 높은 탁자의 모양을 상형한 글자이다. 이 글자는 또한 '머리가 벗겨지다'도 뜻하는데 이때의 올(兀) 자는 머리가 벗겨진 사람의 모습을 상형한 글자이다.

바. 태양에 대한 인식

 【xiǎo (샤∨오/우)】 (3급)
【새벽 효】 새벽, 동틀 무렵, 깨닫다, 이해(理解)하다

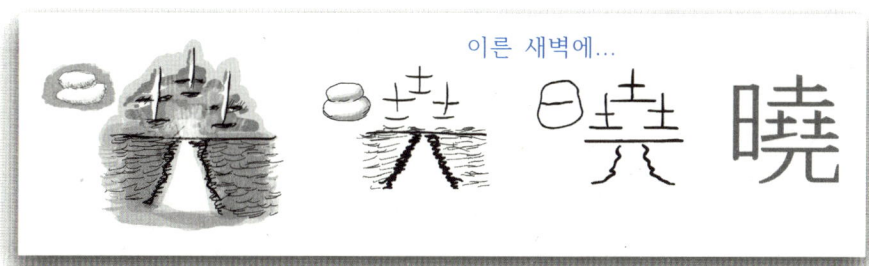

이른 새벽에...

𣅓 전서　曉 설문해자

[쓰기 순서]
日 : ㅣ 冂 日 日　　土 : 一 十 土　　土 : 一 十 土　　土 : 一 十 土
兀 : 一 丆 兀

[曉 자가 들어간 단어]
曉達(효달) 曉天(효천)

 【xiǎo (샤∨오/우)】
曉(효)의 속자(俗字)/ 간체자(簡體字)

[쓰기 순서]
日 : ㅣ 冂 日 日　　戈 : 一 弋 戈　　兀 : 一 丆 兀

241

堯

【yáo (야ㄧ오/우)】
【요임금 요】 높은 모양, 높다, 멀다   (특급)

[쓰기 순서]
土 : 一 十 土   土 : 一 十 土   土 : 一 十 土   兀 : 一 丁 兀

[堯 자가 들어간 단어]
堯舜(요순) 堯年(요년) 唐堯(당요)

尭

【yáo (야ㄧ오/우)】
堯(요)의 속자(俗字)

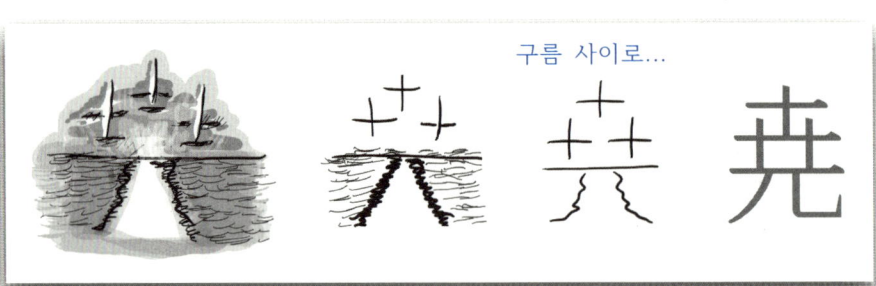

[쓰기 순서]
十 : 一 十   卄 : 一 十 卄   儿 : ノ 儿

바. 태양에 대한 인식

垚 【yáo (야/오/우)】
堯(요)와 동자(同字)

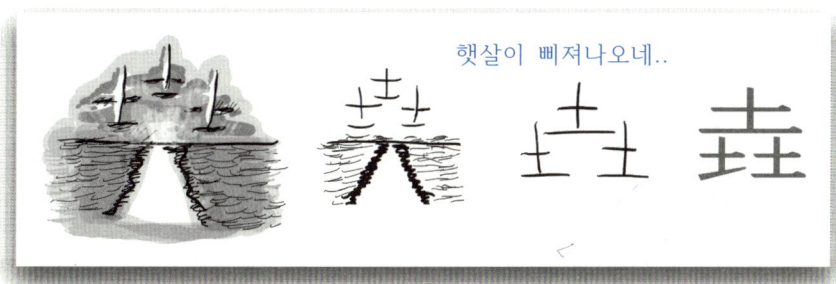

垚 전서　垚 설문해자

[쓰기 순서]
土 : 一 十 土　　土 : 一 十 土　　土 : 一 十 土

尧 【yáo (야/오/우)】
堯(요)의 속자(俗字)/간체자(簡體字)

堯 ↔ 尭 ↔ 垚 → 尧

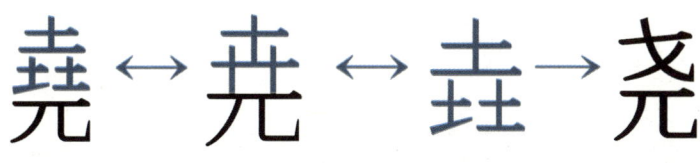
 갑골문　垚 전서　堯 설문해자

[쓰기 순서]
戈 : 一 弋 戈　　兀 : 一 丁 兀

장면 기억 한자

 【wū (우ー우)】 (특급)
【우뚝할 올】 우뚝하다, (높고 위가)평평하다

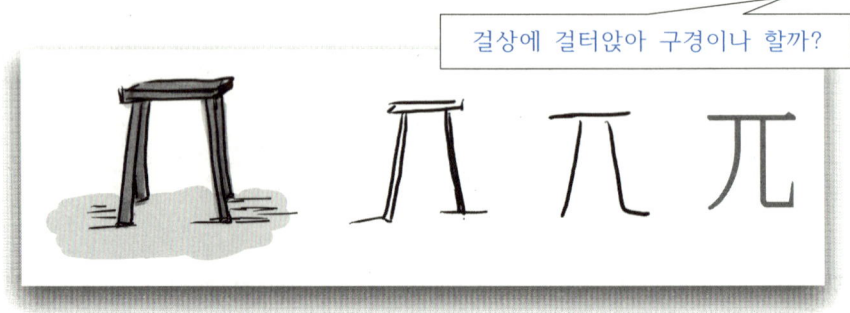

걸상에 걸터앉아 구경이나 할까?

금문 전서 설문해자

[쓰기 순서]
兀 : 一 丁 兀

[兀 자가 들어간 단어]
兀頭(올두) 兀然(올연) 兀僧(올승)

2. 중국어 발음표기에 대하여

1) 중국어병음에 대한 기초지식

한자는 소리글자가 아니므로 한자의 정확한 소리를 알기 위해서는 한자에 소리를 적는 부호를 넣어야 한다. 현재 중국에서는 한자의 소리를 적는 방법으로 한자병음(漢字拼音)을 사용하고 있다.

한자병음(漢字拼音)은 한자병음자모(漢字拼音字母)의 줄임말이다. 여기서 병(拼) 자는 '붙이다, 나란히 하다' 등을 뜻하는 말이고 음(音) 자는 소리를 뜻하는 말로서 이는 한자 하나하나의 음을 성모(声母=자음) 와 운모(韵母=모음)를 나란히 붙여서 하나의 소리를 표시한다는 말이다.

현재 중국에서 사용하는 병음자모(拼音字母)는 아래와 같다.

성모표(聲母表=자음)

b p m f d t n l g k h j q x

zh ch sh r (권설음-捲舌音)

z c s

y w (반모음)

운모표(韵母表=모음)

단모음

a o e i u ü

복-모음

ai ei ui ao ou iu ie üe er an en in un ang eng ing ong

단음절(整体认读音节)

아래의 단음절은 소리가 분리 되지 않고 **'정한 단음'**으로 발음을 한다. 따라서 앞서 표기한 병음의 발음법과 다르다.

zhi chi shi ri

zi ci si

yi wu yu ye yue yuan yin yun ying

2) 성조(A E I O U ü)

성조(聲調)라는 말은 고저(高低), 장단(長短), 승강(昇降), 곡직(曲直)의 변화 형식을 말한 것이다. 한자에서는 보통 사성이 있는데 실지로는 경성(輕聲)도 있어 오성(五聲)이다. 그런데 경성(輕聲)은 특정한 발음규칙이 없고 다만 가볍고 짧게 발음을 하 기 때문에 표시를 하지 않는다. 그래서 흔히 사성(四聲)이라고도 한다. 그 소리는 아래와 같다.

음평(陰平) : ━

   음평(陰平)은 흔히 1성(一聲)이라고도 한다. 이 소리는 처음부터 시작하는 음이 끝날 때까지도 같은 높이로 소리를 이어서 끝낸다.

양평(陽平) : ╱

   양평(陽平)은 흔히 2성(二聲)이라고도 한다. 이 소리는 처음에는 낮게 시작하여 높게 이어가다가 소리를 끝낸다.

상성(上聲) : ∨

   상성(上聲)은 흔히 3성(三聲)이라고도 한다. 이 소리는 처음에는 낮게 내려오다가 다시 높게 소리를 이어내면서 끝낸다.

거성(去聲) : ╲

   거성(去聲)은 흔히 4성(四聲)이라고도 한다. 이 소리는 처음에는 높게 소리를 시작하여 아래로 내려오면서 끝낸다.

중국어에서 사성(四聲)으로 발음을 할 때에 흔히 1성(一聲)과 사성(四聲)에서는 첫소리를 강하게 된소리로 발음을 하고 2성(二聲)과 3성(三聲)의 첫소리는 흔히 보통 소리로 발음을 한다.

   지금 중국에서는 병음에 사성(四聲)을 표기를 할 때에는 아래와 같이 표기를 한다.

a   ā á ǎ à

e   ē é ě è

i   ī í ǐ ì

여기서 운모(韵母=모음) 'i'는 앞에 성모(聲母=자음)가 없을 때에는 아래와 같이 표기를 한다.

yi(衣), ya(呀), ye(耶), yao(腰), you(忧), yan(烟), yin(因), yang(央), ying(英), yong(雍)。

o   ō ó ǒ ò

u   ū ú ǔ ù

여기서 운모(韵母=모음) 'u'는 앞에 성모(聲母=자음)가 없을 때 아래와 같이 표기를 한다.

wu(乌), wa(蛙), wo(窝), wai(歪), wei(威), wan(弯), wen(温), wang(汪), weng(翁)

ü   ú ǔ ù

여기서 운모(韵母=모음) 'ü'는 앞에 성모(聲母=자음) j, q, x가 있을 때에는 'ü'자 위의 두 점을 생략하여 ju, qu, xu로 표기를 한다.
그런데 앞에 성모(聲母=자음) l, n이 있을 때에는 'ü'자 위의 두 점을 생략하지 않고 lü, nü로 표기한다.

그 외 iou, uei, uen의 앞에 성모(聲母=자음)가 있을 때에는 iu, ui, un으로 표기를 한다. 예를 들자면 niu, gui, lun 등이다.

3) 장음(연이음) 및 중국어 성조를 표기하는 방법

중국어를 공부함에 있어서 장음(長音)이라는 개념은 생소할 수가 있다. 그러나 이 장음에 대한 이해부족으로 현재 한국인을 포함해서 수많은 외국인들이 중국어 발음에 대하여 상당히 어려워하고 있다. 예를 들어보기로 한다.

$$\boxed{\text{北京 běi jīng}}$$

중국어에서 우리가 익숙한 지명 '北京(북경)'이 있다. 이 음(音)을 우리는 흔히 '베이징', 또는 '뻬이징'으로 발음을 하고 있다. 그러나 이는 잘못된 발음이다. 이것을 좀 더 쉽게 이해하려면 중국인이거나 일본인이 우리말 '김치'를 '기무치' 또는 '기모치'라고 발음할 때의 상황을 연상하면 쉽게 이해가 갈 것이다.

우리말에서 '김치'는 어디까지나 두 음절로 된 단어이다. 절대로 일본인이나 중국인처럼 세 음절로 말하지 않는다.

마찬가지로 '北京(북경)'은 '베이징(뻬이징)'이 아니라 두 음절인 '버∨이 찌―잉'이다. 여기서 '∨'와 '―'는 성조(聲調)이다.

'버∨이 찌―잉'?

이는 앞서 발음한 세 음절인 '베이징(뻬이징)'보다 오히려 한 음절이 불어난 네 음절이 아닌지 오해할 수 있다.

이에 대해 아래에 설명하기로 한다.

우선 '버∨이'를 보자.

'버∨이'를 발음할 때 이 음을 두 음절로 발음을 할 것이 아니라 우선 '버-'를 삼성(三聲) '∨'처럼 길게 발음을 이어가다가 자연스럽게 짧고도 가벼운 '이' 소리로 끝낸다. 다시 말해서 '버'와 '이'는 처음부터 끝날 때까지 음을 한 번도 쉬지 않고(숨을 끊지 않고) 끝날 때까지 길게 이어서 발음을 한다는 것이다.

다음 '찌―잉'을 보기로 하자

'찌―잉'을 '징'이나 '찡'처럼 한 음절로 발음해도 무관하다고 생각할 수 있다. 그러나 이는 중국어 발음에 대한 이해 부족으로써 중국어를 정확히 발음을 한 것은 아니다.

'징(찡)'도 우선 '찌-'를 일성(一聲) '―'처럼 된소리로 길게 발음하다가 '잉'으로 짧고도 가볍게 발음을 하며 끝낸다.

이렇게 한자는 무조건 장음으로 연이어 발음을 해야 한다. 이것은 한 개의 음처럼 보이는 소리에서도 마찬가지이다. 예를 들자면 '아(阿)'자를 '아'로 발음할 것이 아니라 '아―아'로 발음을 해야 하는 것이다. 이는 아래의 내용에서 취급하기 때문에 이러한 예는 생략하기로 한다.

여기서 우리는 중국어의 음(音)을 표기하는 데에 있어서 아래와 같은 새로운 방식을 알게 된다. 즉, 중국어를 모두 장음으로 볼 때 그 장음 사이에 중국어의 성조에 맞게 성조를 넣는 것이다. (물론 이 성조를 글자 위에 넣어 표기를 하는 등등의 방법도 많지만 그러나 이러한 방법은 특히 초보자들한테는 쉽게 이해하기가 어렵고 또한 혼동하기 쉬우므로 여기서 취급하지 않는다.)

이렇게 장음(長音) 사이에 성조를 넣으면 간단명료할 뿐만 아니라 발음을 표기순서에 따라 이어가기가 쉬워진다.

3. 한글로 중국어소리 표기하는 방법

아래의 중국어 소리를 적은 병음을 보면 우리가 이해하기가 쉽지 않다.

北京 běi jīng

따라서 우리는 우리한글의 장점을 살려 중국어 발음을 쉽게 표기하는 방법을 개발하게 되었다. 이 방법은 아래와 같다.

1) 한글과 같은 음

가) 모음

A,   O,   E,   Y,   W
(ㅏ) (ㅗ) (ㅓ) (ㅣ) (ㅜ)

나) 자음

B,   P,   H,   S,   X,   J,   Z,   Q,
(ㅂ) (ㅍ) (ㅎ) (ㅅ) (ㅅ) (ㅈ) (ㅈ) (ㅋ)

D,   T,   G,   K,   M,   N,   L
(ㄷ) (ㅌ) (ㄱ) (ㅋ) (ㅁ) (ㄴ) (ㄹ)

다) 단음절

SI, ZI, CI
(스) (즈) (츠)

2) 한글과 다른 음

가) 권설음

SH, ZH, CH, R
(ᄼ) (ᅎ) (ᅔ) (ㄹ)

중국어에서의 권설음은 보통 혀를 오그려 당겨 혀가 입천장(경구개)의 가운데 부분에서 발음하는 음(흡)이다. 이 음은 글로 설명하면 잘 이해할 수가 어렵기에 아래에 그림을 보고 간략히 설명하기로 한다.

그림 1   그림 2

'SH ZH CH'는 권설음(捲舌音)이라고도 하는데 이는 우리 음 'ㅅ, ㅈ, ㅊ' 와 비슷하지만 다른 점은 우리 음의 'ㅅ, ㅈ, ㅊ'를 발음 할 때에는 입천장의 앞부분에서 발음을 하고 'SH ZH CH'를 발음할 때에는 혀를 뒤로 당겨서 꼬

부리고 발음을 한다. 따라서 이 글자를 그림 2와 같이 ㅅ자로 표기를 하였고 또한 'ㅅ, ㅈ, ㅊ'의 가획원리에 따라 ㅈ, ㅊ를 만들게 되었다. 우리의 자모 'ㅅ'은 그림 1과 같이 발음한다는 것을 알 수 있다.

마찬가지로 권설음 'R'는 아래와 같이 발음을 하므로 그림 3처럼 'ㄹ'로 표기를 한다. 참고로 우리 자모 'ㄹ'은 그림 4와 같이 발음을 한다는 것을 알 수 있다.

그림 3   그림 4

나) 치순음(齒脣音)

F (ㅍ̄, ㅍf)

치순음 'F'는 영어의 음 'F'와 같다고 보면 된다. 이 음을 발음할 때 보통 앞니를 아래 입술에 가볍게 대고 발음하는 소리다. 그러나 이 음은 실제로 윗입술과 아래 입술을 다물지만 붙이지 않고 그 좁은 공간사이로 'ㅍ'나 'ㅎ'처럼 발음을 해도 음의 차별이나 혼동은 없다. 따라서 우리는 이 음(흠)을 'ㅍ' 위에 'ㅎ'의 약자 '⁻'을 찍어 'ㅍ̄'처럼 표기를 하거나 또는 영어 자모 'f'가 들어간 것처럼 'ㅍf'로 표기 하였다. 참고로 이 음과 연관되는 음 'V'도(영어에서 많이 사용함) 같은 방법으로 'ㅂ' 위에 '═'를 얹어 '㘴'처럼 표기를 하거나 또는 영어 자모 'V'가 들어간 것처럼 '∀'로 표기한다. 여기서 'V'를 '∀'로 표기를 한다는 것을 알 수 있다.

　이렇게 우리의 한글을 잘 살리면 중국어의 발음을 쉽게 표기하고 또한 알아보기도 쉬워진다는 것을 알 수 있다.

이 책에 나온 한자(급수별 정리)

특급
佑 采 艸(艹, 丷, 屮) 杏 桀 兎(兔) 乍 勺 屎 昜 旭 堯(尭, 垚, 尧) 兀 朵(朶, 菜)

1급
捷 狼 炸 爺(爷) 炙 灸

2급
妊 尿

3급
牙 眉 耶 佐 又 丑 森 桑 菜 卯 楊(杨) 桃 兆 亥 梨 栗 吐 壬 乘 俊 坐 吹 炎 削 刀(刂) 肖 尖 虎(虎) 何 久 辛 丘 谷 穴 荒 昔 凍(冻) 此 奔 企 及 捉 尾 厄 浪 晨 旦 曉(晓)

4급
齒(齿) 舌 息 眼 看 兩(两) 採 步 走 柳 核 松 聖(圣) 傑(杰) 燃 犬(犭) 敢(敢) 象(象) 均 俗 探 泉 源 吸 毛 危 昜 早 辰 聽(听)

5급
止 鼻 耳 葉(篥,叶) 相 任 赤 熱(热) 仙 原 流 亡 法 氷(冰) 冷

장면 기억 한자

(冷) 令(令) 考 比 去 友 良 朗

6급
目 果 利 苦 身 風(风) 消 石 作 油 由 公 急 弱(弱) 者(者) 陽(阳) 朝(晁)

7급
口 自 手(扌) 左 右 足 林 上 下 來(来) 然 洞 空 平 冬 命 老 孝 子 登 夕

8급
人(亻) 木 女 火 父 山 水 北 先 日 白 月

기타
厶 咱 双 音 躱(躲) 卡 夋 虍 爸 氵 充 冫 丂 屁 阝 灬